URLAUBS ARCHITEKTUR
HOLIDAY ARCHITECTURE

2018

URLAUBS ARCHITEKTUR
HOLIDAY ARCHITECTURE

Herausgeber
Jan Hamer

Autoren
Tina Barankay
Ulrich Stefan Knoll
Britta Krämer
Anke Steinweg

20
18

Inhalt | Contents

10 Jahre URLAUBS ARCHITEKTUR

Geteilte Freude ist doppelte Freude

2007 gründete der Hannoveraner Architekt Jan Hamer URLAUBSARCHITEKTUR, weil baulich anspruchsvolle Urlaubsdomizile schier unauffindbar waren und weite Teile der Ferienhaus- und Hotellandschaft mehr Standard als Stil zeigten. Wahre Perlen zu finden, war nicht nur Glückssache, sondern vor allem eine Frage der Ausdauer.

Mit seiner anfangs noch sehr reduzierten und persönlichen Sammlung traf Jan Hamer auf Anhieb den Nerv vieler Urlaubsästheten und erschloss ein bis dato unerforschtes Terrain auf dem Ferienmarkt: Empfehlungen für architektonisch anspruchsvolle Ferienhäuser aus erster Hand. Best of, aber ohne Gewinnmaximierung.

Wenn man den bisherigen Weg der Plattform verkürzt darstellen will, ging es immer um etwas sehr Simples: Gut gebaute Architektur sucht nach den passenden Gästen. Und umgekehrt. An dieser Stelle schließt URLAUBSARCHITEKTUR seit nunmehr zehn Jahren eine entscheidende Lücke.

URLAUBSARCHITEKTUR verleitet zum Träumen, inspiriert und begeistert seine Leser für hochwertige Unterkünfte sowie für Gastgeber, die ästhetisch wie auch menschlich Maßstäbe setzen. Gleichzeitig ist das Portal zu einem dynamischen Netzwerk avanciert, in dem sich die kreativen Köpfe hinter den Häusern austauschen und gemeinsam neue Projekte ersinnen. Dass die Betreiber bei URLAUBSARCHITEKTUR ihr Projekt hochwertig präsentiert sehen und genau die Gäste finden, die zur eigenen Architektur und Philosophie passen, ist quasi nebenbei zum Standard geworden.

2017 ist URLAUBSARCHITEKTUR längst keine One-Man-Show mehr, sondern ein Team-Projekt mit viel Herzblut und fundierten Skills in den Bereichen Architektur, Marketing und Touristik. Die Crew blickt ideenreich und voller Tatendrang in die Zukunft, doch die Maxime ist dieselbe geblieben: Perlen fischen und diese teilen, statt sie zu horten. Denn geteilte Freude war und ist nun einmal doppelte Freude.

Viel Vergnügen und gute Inspirationen wünschen

Jan Hamer, Anke Steinweg, Britta Krämer, Ulrich Stefan Knoll, Tina Barankay und Kathrin Schmuck

10 Years of HOLIDAY ARCHITECTURE

A joy shared is a joy doubled

Jan Hamer founded HOLIDAYARCHITECTURE in 2007. Until then, architecturally ambitious holiday houses were few and far between and the holiday accommodation landscape was characterised less by style than by rote adherence to convention. Finding the gems was not just a matter of luck, but perseverance.

With his initially small and rather personal selection of houses, Jan Hamer struck a chord with holiday aesthetes and pioneered an as yet undiscovered territory within the tourism market: first-hand recommendations for architecturally ambitious holiday homes and hotels. A "best of" collection without the profit maximisation.

To give a brief summation of the platform's journey since then, its focus has always been simple: "well-designed architecture seeks guests". And vice versa. For over ten years, HOLIDAYARCHITECTURE has helped them find each other.

HOLIDAYARCHITECTURE invites you to dream, to be inspired and excited by holiday homes that set the bar high aesthetically and offer hospitality with a personal touch. At the same time, the platform has developed into a dynamic network for the creatives behind the houses, a forum for exchanging ideas and embarking on new projects together. The fact that a project's presentation on the platform then helps its owners and operators find guests to suit both their architecture and philosophy has become almost incidentally standard fare.

In 2017, HOLIDAYARCHITECTURE is anything but a one-man show. It's a team effort combining passion, commitment and expert knowledge in the fields of architecture, marketing and tourism. Our crew are full of drive and ideas for the future, but our maxim remains the same: finding the gems and sharing them with others, rather than keeping them to ourselves. Because a joy shared was, and still is, a joy doubled.

We hope you enjoy this year's selection!

Jan Hamer, Anke Steinweg, Britta Krämer, Ulrich Stefan Knoll, Tina Barankay and Kathrin Schmuck

Architektur ist wichtiger als Landschaft.
Architecture is more important than scenery.

Jan Hamer
Gründer & Kurator | Founder & curator

Von Enthusiasten für Enthusiasten!
For enthusiasts by enthusiasts!

Anke Steinweg
Projektleitung & Redaktion
Project management & editor

Außergewöhnliche Häuser, feinsinnige Menschen, inspirierende Orte. Eine Liebesgeschichte!
Extraordinary houses, perceptive people, inspiring places. It's a love story!

Britta Krämer
Community Management & Redaktion
Community management & editor

Viel Suchtpotenzial, wenig Nebenwirkungen!
An addiction without the side effects!

Ulrich Stefan Knoll
PR-Koordinator & Redaktion
PR management & editor

Architekturbegeistert und designverliebt. Auch im Urlaub.
Passionate about architecture, in love with design. Even on holiday.

Tina Barankay
Redaktion | Editor

Was URLAUBSARCHITEKTUR ist? Zu Hause sein, nur anderswo.
What is HOLIDAYARCHITECTURE? Feeling completely at home, only somewhere else.

Kathrin Schmuck
Buchgestaltung | Book design

Reise, Körper, Architektur

Der eigene Körper ist der Protagonist einer jeden Reiseerfahrung. In ihn hineinzuhorchen, um zu verstehen, wie er beim Anblick einer Landschaft, einer Architektur oder eines Objektes reagiert, bereichert unser Wahrnehmungsvermögen und öffnet uns für die Erforschung immer neuer Empfindungen.

ANDREA PONSI
Andrea Ponsi ist ein italienischer Architekt und Professor für architektonisches Design an verschiedenen Universitäten in Italien, den USA, Kanada, Israel und der Türkei; das Portfolio seines Architekturbüros Studio Ponsi in Florenz umfasst Architektur, Stadtplanung, Design, zeichnerisches und schriftstellerisches Schaffen.

Vor Jahren, beim Lesen von Musils *Mann ohne Eigenschaften*, beeindruckte mich ein fast beiläufig ausgesprochener Satz des Protagonisten: „Ein Mann kommt nie weiter, als wenn er nicht weiß, wohin er geht!" Ein wahres Paradox. Die Essenz des Reisens ist in der Tat die Entdeckung, welche sich nur dann einstellen kann, wenn der Ort unserer Ankunft noch unbekannt ist.

Auch wenn der betreffende Satz mehr metaphorisch zu verstehen ist, möchte ich ihn dennoch zum Anlass nehmen, um hier eine imaginäre Reise auf der Suche nach unvorhersehbaren Empfindungen zu unternehmen. Mein Transportmittel werden dabei nur die Wörter sein. Mir kommt ein weiteres Buch in den Sinn, dem sein Autor, Xavier de Maistre, einen wunderschönen Titel gab: *Reise um mein Zimmer*. Was für ein Zufall! Ich sprach davon, ohne Ziel herumzuziehen, und bin bei der Idee des Zimmers angelangt. Wenn ich es recht bedenke, wird neben dem unbestimmten Umherstreifen und dem exakt umrissenen Raum eines Zimmers eine weitere Präsenz unentbehrlich: die des Körpers, und folglich die physischen und mentalen Empfindungen.

Als Architekt bin ich von solchen Überlegungen besonders angetan; in der Tat tendiere ich dazu, die Welt durch ein Vergrößerungsglas zu sehen, das sich auf den Charakter der Räume, die Lichtbedingungen und die Empfindungen, die mir Oberflächen und Materialien vermitteln, konzentriert. Daher wird diese Reise, auch wenn sie von nur wenigen Gedanken umschrieben wird, den Körper und eine vorübergehende Destination zum Protagonisten haben: das Haus, welches als Basis für meine Ferien dient.

Treten wir also diese Reise an. Schon wenn ich mich im Auto befinde, im Zug, im Flugzeug oder auf einem Schiff, fühle ich, dass mein Körper eine Verwandlung durchmacht. Leicht geworden, lässt er sich schwebend durch die Landschaft transportieren, die an ihm vorbeizieht und in ihm ein entspanntes Gefühl des Wohlseins auslöst. Nachdem ich unzählige Orte und Situationen durchquert habe, erreiche ich das Haus meines Reiseziels. Dieses Haus bedarf keiner objektiven Beschreibungen. Es befindet sich an keinem spezifischen Ort; im Gegenteil, es verkörpert das Haus eines jeden Reisenden, die Bleibe, die wir, auch wenn nur für einen begrenzten Zeitraum, zu unserem Wohnsitz machen.

Ich drücke gegen die Tür, die sich mit einem leichten Knarren zu einem neuen Universum hin öffnet: begrenzt zwar in seinen Dimensionen, aber grenzenlos in meiner Vorstellungskraft. Ich trete über die Schwelle zwischen außen und innen: Das Licht wird gedämpft, der öffentliche Raum wird privat.

Ich fühle mit dem Körper, aber denke mit dem Verstand. Leon Battista Alberti sagte, dass ein Haus eine kleine Stadt und eine Stadt ein großes Haus sei. Ich erforsche das Haus, als wäre es eine Stadt, ich entdecke seine Veduten, die Straßen, die Treffpunkte und seine intimsten Orte. Auch Häuser haben Himmel, die Decke heißen, Plätze, die Wohnzimmer heißen, und Fassaden, die Wände heißen.

Ich inhaliere die Luft des Hauses, die Gerüche, die nur ihm gehören. Was ist ein Geruch anderes als das Konzentrat aus Millionen von Molekülen verschiedensten Ursprungs? Analog dazu sind die Lichtnuancen und Farbtöne nichts anderes als die Summe unzähliger Spiegelungen, die von anderen Oberflächen und Lichtquellen herrühren und die, zum Beispiel, auf den scheinbar weißen Putz einer Wand treffen. Diese Gerüche, Farben und auch Laute nehmen wir als einzigartigen Ausdruck eines bestimmten Momentes oder eines bestimmten Raumes wahr.

Den Eingangsbereich hinter mir lassend, finde ich mich in einem großen Wohnraum wieder. Ich könnte auch mit geschlossenen Augen erraten, wie hoch die Decke ist. Das Echo der Schritte, die Art und Weise, wie sich eine Stimme entfaltet, lassen mich die Weite oder die Intimität des Ortes erahnen. Ich setze mich auf ein Sofa. Der Körper wird sich der Schwerkraft bewusst, dem Gesetz, das unfehlbar in jedem Moment des Lebens präsent ist. Ich streiche mit der Hand über den Stoff, der ein weiches Kissen umhüllt; die Haut nimmt die Empfindung wahr, übermittelt sie an das Gehirn, welches es filtert, analysiert und macht, dass ich mich frage, was das wohl für ein Stoff sein mag, woher er stammt und wie er hergestellt wurde. Doch der Körper vergisst diese intellektuellen Analysen schnell, denn andere Empfindungen stellen sich ein.

Ein Tablett auf dem niedrigen Tisch vor dem Sofa spiegelt einen Lichtstrahl wider. Das Metall funkelt und schenkt den Pupillen einen wohligen Reiz. Dieser Lichtreflex gehört nur mir, bewegt sich mit jeder meiner Bewegungen und würde aufhören zu existieren, begäbe ich mich in einen anderen Teil des Zimmers. Mir wird bewusst, dass das Licht meinem Auge folgt, nicht mein Auge dem Licht. Die Maler des Kubismus versuchten, die unvermeidbare Subjektivität des Sehens einzufangen, und mussten dennoch eingestehen, wie schwierig es war, diese wiederzugeben. Nur mit der direkten Erfahrung gelingt es, diese Eigentümlichkeit zu erahnen. Die Welt formt und beeinflusst den Körper; doch gleichzeitig erschaffen wir unsere Idee von der Welt durch unsere Körper.

Ich blicke nach oben zu einem Fenster, hinter dem sich ein Ausschnitt des Himmels öffnet. Das Fenster ist ein Bild, ebenso wie jene, die um mich herum an den Wänden hängen; ein lebendiges Bild, das sich mit jedem Augenblick verändert. Es verschwindet, als ich mich auf das Fensterbrett stütze, um in die Landschaft hinauszusehen. Ich möchte alles berühren, alles, doch ich begnüge mich damit, mit der Hand die Wärme zu fühlen, die die Sonne auf dem steinernen Fensterbrett hinterlassen hat, und mit einer fast unmerklichen Bewegung der Finger seine raue Oberfläche zu erspüren. Dann komme ich in das Zimmer zurück, in die intime Weite eines Innenraumes, um andere Eindrücke auf mich wirken zu lassen und mich neuen Gedanken hinzugeben.

Eine Treppe öffnet sich zum Wohnraum hin und lädt mich ein, den Blick nach oben streifen zu lassen. Noch bevor ich sie hinaufsteige, nehme ich den gleichmäßigen Rhythmus der Treppenstufen wahr. Ich erahne, dass ich mich einer weiteren Provokation der Schwerkraft stellen werde, dass ich Muskeln beugen und Gliedmaßen strecken muss. Schon von der ersten Treppenstufe an lässt mich der Rhythmus der Schritte die vermeintliche Anstrengung vergessen. Auf jeder Stufe verändert sich alles: der Blickwinkel nach oben, die Sicht auf das unten liegende Zimmer. Die Handfläche läuft das Holzgeländer entlang und gibt der Bewegung Kontinuität, als wäre mein Körper eine Partitur, auf der die rhythmische Sequenz eines jeden Schrittes das leise Säuseln der Hand begleitet, die, das Geländer streichelnd, nach oben gleitet. Auch das Aufeinanderfolgen von Einatmen und Ausatmen wird zu einem Teil dieser Symphonie der Laute und der Bewegungen.

Oben angekommen, berühre ich eine hölzerne Tür, deren Bretter die Maserung und die Augen zeigen, die einst den Ursprung der Äste darstellten. Ich streichle sie mit demselben Gefallen, wie ich einen Baumstamm berühren würde. Die Türe, dieses außergewöhnliche Objekt, ist so reich an symbolischen Handlungen: das Hineingehen und Hinausgehen, das Öffnen und Schließen, das Halb-offenstehen-Lassen, um zu signalisieren, dass das Eindringen anderer in den privaten Bereich akzeptiert wird, oder das Zuschließen, um das Bedürfnis nach einer unantastbaren Intimität zu besiegeln.

Alles in dem Zimmer orientiert sich am menschlichen Körper: die Größe des Bettes; die Höhe eines Spiegels; ein Teppich, der das Barfußlaufen angenehmer macht; die Position und die Form der Lichtschalter. Und auch die Dimension des Zimmers ergibt sich aus den Maßen und Proportionen der menschlichen Figur. So, wie die Größe einer Person der Breite ihrer ausgestreckten Arme entspricht, so waren die idealen Wohnräume der palladianischen Villen ebenso hoch wie breit und gaben die perfekte Symmetrie des Quadrates wieder. Le Corbusier befand in Anbetracht einer modernen Funktionalität der Behausung, dass die Decke eines Zimmers etwas höher als 2 Meter sein sollte, 226 Zentimeter um genau zu sein, was der menschlichen Idealgröße mit erhobenen Armen entspricht. Die gesamte Architektur sollte sich seiner Meinung nach am menschlichen Körper und an der geometrischen Ordnung des *Modulor* orientieren, der wiederum auf den perfekten menschlichen Proportionen und dem goldenen Schnitt basierte.

Ich verliere mich in all diesen Überlegungen, bis ich mich, müde von der langen Reise, endlich auf dem Bett ausstrecke. Der Stillstand macht der Bewegung Platz. Ich schließe die Augen. Durch das halb offen stehende Fenster weht eine leichte Brise frischer Luft zu mir herüber. Der Atem wird langsamer und passt sich der Stille an, die mich umgibt. Mit geschlossenen Augen denke ich an das, was mir dieses Zimmer nun gewährt: die Empfindung einer wohlverdienten Ruhepause, eines bewusst erlebten Wohlgefühls, einer harmonischen Verbindung von Ort, Körper und der gedanklichen Reise des Verstandes.

Andrea Ponsi
Innenraum mit Figuren.
Interior with Figures.

Aquarell auf Papier, 23 × 30 cm, 2017.
Watercolour on paper, 23 × 30 cm, 2017.

Journey, body, architecture

The body is the protagonist of any journey. Listening to its interactions with objects, landscapes and architecture enriches our sensory awareness, and thus our openness to new perceptions.

ANDREA PONSI
is an Italian architect and professor for architectural design at several universities in Italy, the USA, Canada, Israel and Turkey; the portfolio of his Studio Ponsi in Florence includes architecture and city planning, design, art and writing.

Years ago, when reading Robert Musil's novel *The Man Without Qualities*, I was struck by a throwaway phrase the protagonist used. It went roughly like this: "You never go as far as when you do not know where you are going." This paradox has a basis in truth. The essence of travel is discovery, which happens not when you know your goals in advance, but when you encounter them unexpectedly.

The quotation may be more metaphor than reality, but in this piece I intend to make an imaginary voyage of discovery, seeking out unexpected sensations, using words as my sole means of transportation. I am reminded of another book, this time by Xavier de Maistre, beautifully entitled *Voyage Around My Room*. What a coincidence! Here I am musing about wandering with no destination in mind, and I stumble on the idea of a room. Which introduces another idea: aimless meandering in the confines of a room implies an awareness of my body and the physical and mental sensations it experiences.

As an architect, I am very inspired by these reflections. I tend to view the world through a magnifying glass that focuses on the nature of space, light and the feelings that surfaces and materials communicate to me. In this respect, this voyage consists simply of a few thoughts, but its protagonist is the body, and its destination for now is the house I use as a base for my holidays.

It is time to leave. As soon as I enter a car, train, ship or plane, I feel my body undergoing a transformation. It grows light as it is transported through the landscape, and I have a relaxed sense of wellbeing. After passing through countless places and situations, I reach the house that is my destination. This house has no need of objective description. It is not in any specific place: rather it is the home of any traveller, the place that we feel is ours, even for a limited period. I push the door, and it creaks quietly open into a new universe, limited in size but boundless in imagination. I cross the threshold between exterior and interior: the light becomes muted, the space not public and indeterminate but private and personal. I feel with my body, but think with my mind. Leon Battista Alberti, the 15th century Florentine humanist, said that a house is a small city, and a city a big house. I explore the house as though it were a city, discovering its panoramas, streets, meeting places, and secret locations. Houses have skies that we call ceilings, town squares we call living rooms, façades we call walls.

I inhale the air of the house, the fragrances that belong only to it. What is a smell if not a concentration of millions of molecules from different places? Likewise, tones of light and colour are simply the sum of innumerable reflections from different surfaces and light sources, like the plastered wall that seems white, but is not. We recognise these smells, colours and sounds as unique and original expressions of a specific moment in a specific space, that of the house and the room in which we are. I pass through the hallway and into a big room. Even with my eyes closed I can guess how high the ceilings are. The echoes of voices and footsteps tell me whether a place is spacious or intimate.

I sit on a sofa. My body is aware of the force of gravity, the immutable law that governs every moment of our lives. With the palm of my hand I touch the fluffy fabric of a cushion, my skin recording the sensation, transmitting it to my brain, which filters and analyses it so that I ask myself what fabric it is, where it comes from, how it was made. But my body soon forgets this intellectual analysis as these sensations are replaced by new ones. The low table in front of the sofa reflects a ray of light. The metal glints, giving pleasure to my pupils. That ray belongs only to me, follows my every movement, and would not exist if I were somewhere else in the room. I realise that the light follows my eye, rather than my eye following the light. Cubist painters sought to capture the inevitable subjectivity of vision, and recognised the difficulty of replicating it. Only with direct experience can we intuit this particularity. The world shapes and influences the body, and through our bodies we construct our idea of the world.

I look up to a window, through which I see a piece of sky. The window is a frame like the ones hanging on the walls around me, a living frame that changes with every moment, and then disappears as I lean on the windowsill to look out at the landscape. I want to touch everything, near and far. I make do with just feeling the heat of the sun on the stone sill with my hand, enjoying its scarred surface with an almost imperceptible movement of my finger. Then I go back into the room, the vast intimacy of an interior space, to revel in other sensations and lose myself in other thoughts.

An open staircase in the living room leads my gaze upwards. Before I begin my ascent, I perceive the measured rhythm of the stairs. I feel intuitively that I am about to do battle with gravity and will have to stretch my arm and leg muscles. On the first stair, the rhythm of my steps makes me forget that this will probably tire me. With each step, everything changes: my perspective looking upwards, and the view of the room below. My palm runs along the wooden banister, giving continuity to the movement as though my body were a musical score, in which the rhythmic sequence of steps is accompanied by the sibilance of my hand caressing the banister as it ascends. Breathing in and out becomes part of this symphony of sound and movement.

On the landing, I touch a wooden door on which I can still see the veins and knots of the branches from which it is made. I touch this with the same pleasure as I would touch the original tree trunk. The door is an extraordinary object, dense with symbolic significance: going in and out, opening and closing, leaving it ajar to suggest that we do not mind others looking in, or locking it to express the need for untouchable intimacy.

Everything in the room is made to fit my body: the size of the bed, the height of the mirror, the rug that makes walking barefoot so pleasurable, the shapes and positions of the switches I touch. And the size and proportions of the room derive from those of the human figure. Just as a person's height is equal to their width with outstretched arms, so the ideal rooms of Palladian villas were as wide as they were high, replicating the perfect symmetry of the square. In his functional modern homes, Le Corbusier believed that ceilings could be just over two metres high, 226 centimetres to be precise, the height of an idealised man with his arm raised. In his opinion, all architecture should relate to the body, and to the geometric order of the Modulor, based on the perfect, some would say magical proportions of the golden section.

Lost in these reflections, and tired from my long journey, I finally stretch out on the bed. Movement gives way to stasis, and I stretch my arms and legs and close my eyes. A breath of air sweeps through the half-open window into the shadow inside. My breathing slows to match the silence that surrounds me. Eyes closed, I think about what this room is granting me: the feeling of well earned repose, conscious wellbeing, a harmonious convergence of place, body, and the journeys of the mind.

Alte Schreinerei

Fränkisches Idyll

Es gibt viele Gebäude, deren einstige Schönheit in Vergessenheit gerät. Dieses Schicksal ist der Alten Schreinerei im idyllischen Städtchen Hohenberg erspart geblieben: Wohngebäude und Werkstatt der ehemaligen Dorfschreinerei aus dem 19. Jahrhundert wurden nach der Vorlage historischer Fotografien liebevoll saniert.

Wie selbstverständlich fügt sich der Dreikanthof in die Dorflandschaft ein. Rund um den mit Natursteinplatten gepflasterten Innenhof sind das ehemalige Wohnhaus, die frühere Werkstatt und die Scheune angeordnet. Während beim alten Wohngebäude ein heller Anstrich und weiße Fensterumrandungen den Bestand betonen, wurde in der früheren Werkstatt im rechten Flügel des Hofes das alte Mauerwerk freigelegt. Große weiße Sprossenfenster lassen viel Licht in den Innenraum, lindgrün gestrichene Holztüren betonen die freundliche Ausstrahlung des Hauses.

Die Innenräume des Wohnhauses wurden zeitgemäßen Bedürfnissen angepasst und im modernen Stil eingerichtet. Die dezente Farbigkeit des Außenbereichs setzt sich hier fort, alte Holzmöbel paaren sich mit schlichten Designerstücken. Bemalte Fliesen und Details wie die farbigen Gläser in der alten Küchentür unterstreichen den ursprünglichen Charme des Hauses. Im Erdgeschoss befindet sich neben der Wohnküche mit Kachelofen auch der Wohnraum mit Kamin, Sofalandschaft und Leseecke. Über eine Treppe erreicht man die Schlafzimmer im ersten Stock – auf der Galerie können in einem der beiden Zimmer zwei Kinder gemütlich nächtigen. Heller Dielenboden und farblich abgestimmte Textilien sorgen für Wohlfühlatmosphäre. Die erst kürzlich renovierte Alte Werkstatt bietet Platz für vier weitere Personen: Das großzügige Loft ist ausgestattet mit Alkovenbetten, Bullerjan und einer offenen, modernen Küche. Ein Highlight ist die auf dem Dach des Nebengebäudes „versteckte“ Sauna mit Holzterrasse, von der man eine traumhafte Aussicht über die umliegenden Fachwerkhäuser und die bewaldete Hügellandschaft hat. Hier lässt es sich wunderbar entspannen, während sich die Kinder mit den Spielgeräten in der restaurierten Scheune vergnügen.

Ob winterliche Schlittenfahrten oder sommerliche Wanderungen ins Fichtelgebirge, ob kulturelle Ausflüge oder Badeurlaub – hier findet jeder sein (Urlaubs-)Glück.
Tina Barankay

Die ehemalige Dorfschreinerei wurde behutsam restauriert und in modernem Stil eingerichtet – ohne dabei ihren ursprünglichen Charme zu verlieren.

This former village carpentry has been carefully renovated and fitted out in a modern style while retaining its original charm.

Alte Holzmöbel treffen auf schlichte Designerstücke, heller Dielenboden und dezente Farbakzente sorgen für Wohlfühlatmosphäre.

Antique wooden furniture combined with simple modern design pieces, and subtle colour accents set against light floorboards, create a bright, feel-good ambience.

Franconian idyll

The beauty of the "Alte Schreinerei" (Old Carpentry Shop) has not been left to fade into obscurity. This 19th-century house and workshop of the former village carpentry shop have been lovingly restored on the basis of old photographs.

The triangular cluster of buildings fits in perfectly with the village landscape, with the former dwelling house, workshop and barn arranged around a stone-paved inner courtyard. With its cheerfully painted rendered walls and white window surrounds, the house largely retains its original style. The old masonry of the former workshop along the right of the courtyard has been exposed. Large, white-framed windows flood the interior with light, while lime-green painted wooden doors emphasise the house's friendly ambience.

The interior of the house has been renovated in a modern style providing all the twenty-first century home comforts. The subtle colour scheme of the exterior continues here, combining antique wooden furniture with sleek designer pieces. Painted tiles and details such as antique glass panes in the old kitchen doors highlight the authentic charms of the house. In addition to the dining kitchen with its tiled stove, the ground floor also houses the living room with an open fireplace, generous corner sofa and reading den. A staircase leads to the first-floor bedrooms, one of which has a cosy mezzanine that can sleep two children. Bright tiled floors and coordinating textiles ensure a welcoming atmosphere. The recently renovated "Alte Werkstatt" (Old Workshop) offers independent space for four further people. The spacious loft is equipped with alcove beds, a Bullerjan stove and a modern, open-plan kitchen and living area. A particular highlight is provided by the sauna and timber-decked terrace tucked away on the roof of the outbuilding with fabulous views over the surrounding hills. This is a wonderful place to relax while the children play in the restored barn, which is equipped with a range of toys.

Whether your perfect holiday involves sledging in the snow or summer hikes in the Fichtel mountains, sunbathing or swimming, you will be sure to find all you could wish for here.

Tina Barankay

ALTE SCHREINEREI | DEUTSCHLAND | BAYERN, HOHENBERG AN DER EGER

Ferienhaus für 6 Personen (Alte Schreinerei) und Ferienhaus für 4 Personen (Alte Werkstatt) | Design: Gerhard Plaß, Thiersheim | Fertigstellung: 2016 (Alte Werkstatt 2017) | www.alteschreinerei.com

Biohotel Pausnhof

Maximale Naturnähe

Stolze Menschen leben im Bayerischen Wald, fest verwurzelt – so wie Familie Simmet, die in St. Oswald nahe des Nationalparks auf einer 600 Jahre alten Hofstelle Gäste willkommen heißt. Bereits der Vater hatte vorhergesehen, dass die traditionelle Landwirtschaft eines Tages nicht mehr genug abwerfen würde, und mit dem Hotelbau begonnen. Nach nunmehr 30 Jahren kann man sagen: Das klare Konzept der „einfachen Dinge" von Sabine und Johann Simmet geht auf.

Reduziert und wertig kommt das Interieur daher und unterstreicht damit die Grundprinzipien des Pausnhof-Kosmos: Ruhe und Bewusstsein bei maximaler Naturnähe. Dieses Credo haben die Gastgeber in alle Bereiche übertragen. Die 30 Zimmer sind schnörkellos und stellen den Gast in den Mittelpunkt. Das Restaurant samt Sonnenterrasse dient allein dem Genuss. Nichts lenkt hier ab – außer vielleicht die handzahme Hofhündin Coco, die aber gleichfalls in sich zu ruhen scheint.

Nach dem Frühstück geht es hinaus, je nach Jahreszeit zum Wandern oder auf die Loipe – unbedingt in den Nationalpark, optional nach Regensburg oder Passau. Wer vor Ort entspannen will, nutzt den Wellnessbereich, lässt sich am Natur-Pool nieder oder den Blick in die hügelige Landschaft schweifen. Der modern interpretierte Bauerngarten, der Kräutergarten sowie die hofeigenen Hühner, Schafe und Pinzgauer Rinder warten nahebei. Überall gilt es, den Schritt zu verlangsamen und den Blick für Details zu schärfen. Dazu kommt reichlich vorhandene Gastfreundschaft. Auch schön: Was hier auf den Tisch kommt, ist garantiert bio. Der Pausnhof war bereits Anfang des Jahrtausends Deutschlands erstes Biohotel. Zertifiziert, versteht sich – wie die zugehörige Landwirtschaft.

Die Simmets haben ihr Hotel über die Jahre nur punktuell nachjustiert. Tradition wird hier als Erbe gesehen, das es behutsam in die Zukunft zu bringen gilt. Apropos Zukunft: Beide Töchter sind mittlerweile in den Betrieb eingestiegen und werden ihn hoffentlich eines Tages weiterführen. Mit Jagd- und Fischereischein ausgestattet und der elterlichen Erfahrung im Rücken, haben sie jedenfalls schon jetzt beste Voraussetzungen.

Bald erwarten die Gäste zudem ein Lounge- und Barbereich sowie ein neues Restaurant. Auch bei diesem Umbau gilt: nicht Platz für mehr Gäste, sondern mehr Platz für die Gäste.

Ulrich Stefan Knoll

Nominiert für den Architektur-Tourismus-Preis Artouro 2016: die 2015 neu gestalteten Außenanlagen.

The 2015 newly designed outdoor facilities: nominated for the Artouro Prize for Architecture Tourism in 2016.

Naturnah auf ganzer Linie,
innen wie außen.

Close to nature in every way,
inside and out.

Closeness to nature

The people of the Bavarian Forest are proud of their deep roots in the region. This include the Simmet family, who welcome guests to their 600-year-old farm on the outskirts of the national park. The father of the current generation foresaw that farming might not suffice one day, and founded a hotel. Now, 30 years later, Sabine and Johann Simmet have put the concept of "the simple things in life" wholeheartedly into practice.

The interior speaks of quality over quantity, highlighting the fundamental principles of the Pausnhof world – peace and mindfulness, as close to nature as possible. Its 30 rooms are unfussy, with the focus firmly on the guests. The restaurant with its sun terrace is dedicated to enjoyment. There are no distractions – with the exception, maybe, of the gentle farm dog, Coco.

After breakfast, the great outdoors beckon – maybe for a hike or cross-country skiing, depending on the season. Exploring the National Park is a must, and the cities of Regensburg and Passau are also well worth a visit. If you simply want to stay here and relax, you can use the wellness area, sink into the natural swimming pool or just sit and gaze out over the rolling landscape. The modern take on the cottage garden, and the farm's hens, sheep and Pinzgauer cattle are close by. This is a place to slow down – and you are always assured of the warmest welcome. An added benefit is the cuisine, which is guaranteed organic. The Pausnhof was Germany's first organic hotel, enjoying this status since the turn of the millennium. It is fully certified, of course, as is the associated farm.

The Simmets have moved their hotel forward with the times only on occasion over the years. Tradition here is seen as a valuable inheritance, which they want to preserve and pass on to the future. And that future is in safe hands – both their daughters now work in the business and will hopefully continue it one day.

Guests will soon be able to enjoy a lounge and bar area as well as a new restaurant. But these renovations do not mean space for more guests, but more space for the guests!

Ulrich Stefan Knoll

BIOHOTEL PAUSNHOF | DEUTSCHLAND | BAYERN, ST. OSWALD (BAYERISCHER WALD)

Hotel mit Zimmern für 1–2 Personen sowie Familien | Design: Franz Hafner, Perlesreut (Innenarchitektur); Wolfgang Wagenhäuser, Töging am Inn (Landschaftsarchitektur) | Fertigstellung: 1989, Renovierungen 2007/2014, Zubau 2018 (studio lot) | www.pausnhof.de

Das Sternhagener Haus

Fast wie aus der Zeit gefallen

Natur, Weite und Stille – das ist die Uckermark im Nordosten Brandenburgs, eine leicht hügelige Landschaft mit Wäldern und Feldern. Zwischendrin schimmert das Wasser der unzähligen Seen. Viel Natur und wenig Menschen – diese Kombination zieht viele stadtmüde Berliner in die Region, die nur rund eine Stunde nördlich der Metropole liegt. Auch die Besitzer des Sternhagener Hauses hat die hier noch so ursprüngliche Landschaft verzaubert. Es war Liebe auf den ersten Blick, als die Berliner Familie die Uckermark vor zwölf Jahren das erste Mal besuchte. Nach ein paar Jahren Suche nach einem geeigneten Objekt fanden sie ein historisches Bauernhaus mit Stall und Scheune im Dorf Sternhagen.

Das 1820 erbaute Bauernhaus hatte bereits fünf Jahre leer gestanden, war noch komplett möbliert und völlig eingewachsen. Die neuen Besitzer haben das Haus aus dem Dornröschenschlaf erweckt. Von außen fällt das zunächst kaum auf, das Haus wirkt unauffällig, fast wie aus der Zeit gefallen. Beim Umbau wurde der einfache und strenge Charakter des typischen Brandenburger Bauernhauses bewahrt. Viele originale Details wie die alten Fenster und Türen blieben erhalten und das Dach wurde mit historischen Biberschwanzdachziegeln gedeckt.

Innen ist die ursprüngliche Enge jedoch gewichen: Wände und die Decke zum Dachgeschoss wurden entfernt und so wurde ein großzügiges, luftiges und lichtdurchflutetes Raumerlebnis geschaffen. Im Zentrum steht ein großer Raum, der durch das alte Holzgebälk in verschiedene Zonen aufgeteilt ist: in den Wohnbereich am Kamin und den Koch- und Essbereich mit langem Tisch für bis zu zehn Personen. Im hinteren Gebäudeteil befinden sich zwei Schlafzimmer und das Bad mit frei stehender Wanne. Über diesen Zimmern liegt die zum Wohnraum offene Galerie. Hierhin kann man sich zurückziehen und dabei doch am Geschehen im Wohnraum teilhaben – ein perfekter Spielort für Kinder und zusätzlicher Schlafplatz.

Der große verwunschene Garten mit Flieder- und Holunderbüschen sowie alten Obstbäumen lädt ein zum Träumen in der Hängematte, Tischtennisspielen oder Grillen. Zum Schwimmen ist man zu Fuß ganz schnell am Sternhagener See und mit dem Rad erreicht man ruckzuck die vielen Seen der Umgebung. Anke Steinweg

Die Einrichtung ist geprägt durch die Vorliebe der Besitzer für skandinavisches Design der 1950er und 1960er-Jahre.

The decor was inspired by the owners' love for 50s and 60s Scandinavian design.

Von der Galerie fällt der Blick über die gesamte Länge des Hauses.

The gallery looks down along the entire length of the house.

Industrieleuchten, Werkstatttische und skandinavische Designermöbel: Hier treffen sich Originale.

Industrial lighting, workshop tables and Scandinavian designer furniture: an assemblage of original classics.

Practically untouched by time

Nature, broad expanses and tranquility – welcome to the Uckermark in north-east Brandenburg, a gently rolling landscape of forests and fields. Dotted among them, innumerable lakes shimmer beneath a vast sky. Natural abundance and few people: this combination attracts many Berliners to the region – just an hour away from the metropolis – to escape the stresses of city life. The owners of the Sternhagener Haus were also enchanted by this unspoilt countryside. It was love at first sight when the family first visited the Uckermark twelve years ago. After a few years spent searching for a suitable property, they found this historic farmhouse with a cowshed and barn in the village of Sternhagen.

Built in 1820, the farmhouse had stood empty for five years and was completely overgrown, yet still fully furnished. The new owners breathed new life into this modern-day "Sleeping Beauty's castle". The changes are hardly noticeable from the outside, indeed the renovations were carefully designed to preserve the simple, solid character of a typical Brandenburg farmhouse. Many original details, such as the old windows and doors, have been retained, and the roof has been re-clad in old roof tiles.

Inside, however, the original cramped conditions have been fully opened up – walls and ceilings were removed, creating a spacious living space. The centrepiece is a large room divided by exposed timber beams into two separate zones – the living area around the open fireplace, and the kitchen and dining area with a long table that can seat up to ten. The rear part of the building houses two bedrooms and the bathroom with a freestanding bathtub. Above, there is a gallery that opens to the living room: a lovely place to without without being cut off from the living room – a perfect play area or children.

The large, magical garden with lilac and elder shrubs and ancient fruit trees is an inviting place to daydream in a hammock, play table tennis or enjoy a barbecue. It is only a short walk to the Sternhagener Lake for swimming, and many more lakes are an easy bike ride away.

Anke Steinweg

DAS STERNHAGENER HAUS | DEUTSCHLAND | BRANDENBURG, UCKERMARK

Ferienhaus für 2–8 Personen | Design: Philipp Kiehn, Berlin | Fertigstellung: 2015 | www.dassternhagenerhaus.de

LBS

Denkmal Karlstadt

Ein modernes Märchen

Nahezu in der Mitte Deutschlands gelegen, verbirgt sich das beschauliche Städtchen Karlstadt geschickt zwischen den Hängen des vom Weinbau dominierten Maintals. Es entgeht so den großen Touristenströmen, die auf der nahe gelegenen Hauptverkehrsader A3 nichtsahnend vorbeieilen. Betritt man die Altstadt von der Flussseite aus, stößt man unweigerlich auf das sogenannte Denkmal Karlstadt mit seiner 700-jährigen Baugeschichte. Wer hier die obere der beiden Ferienwohnungen mietet, gastiert direkt unter dem Dachtragwerk, dessen älteste Teile aus wiederverwerteten Hölzern von 1309 bestehen.

Die Nähe zur Fluss-Lände lässt darauf schließen, dass das Objekt einst vermutlich ein Stapelrechtshaus war, in dem die über den Main angelieferten Waren zwischengelagert wurden. 2012 erwarb es der ortsansässige, denkmalerfahrene Architekt Alfred Wiener und erweckte das Anwesen mit großem Gespür für die bauhistorischen Details zu neuem Leben. In mehrjähriger Umbauzeit musste unter anderem tragende Bausubstanz – etwa Decken und Dachkonstruktion des stark beschädigten Baudenkmals – gehoben werden und es galt, die Mitteltragwand im Erdgeschoss gerade zu stellen. Die jahrelange Mühe hat sich gelohnt: Den Besucher erwarten heute Kastenfenster mit Antikglas, freigelegte Wandmalereien und viele weitere Details, die sofort Wohlfühlatmosphäre schaffen. Moderne Einbauten wie die als Einzelanfertigungen ersonnenen, multifunktional verwendbaren Küchenelemente fügen sich perfekt ein und schaffen durch ihre Leichtigkeit und Klarheit einen wohltuenden Kontrast.

Neu ist auch das Treppenhaus, welches zur Erschließung der Wohnungen errichtet werden musste. Hier durfte endgültig die Moderne einziehen: In Zusammenarbeit mit den Künstlern Thomas Lange und Mutsuo Hirano ist ein zeitgenössisches Gesamtkunstwerk entstanden, das bewusst mit der Historie bricht und das Haus endgültig im 21. Jahrhundert ankommen lässt.

Unternehmungslustige starten vom Denkmal aus zu Tagesausflügen in geschichtsträchtige Städte wie Würzburg, Bamberg und Rothenburg oder erkunden mit dem Leihrad und zu Fuß sehenswerte Landschaften rund um Main, Spessart und Rhön. Alternativ bleibt man einfach vor dem hauseigenen Café sitzen, den Blick – vielleicht mit einem Schoppen Frankenwein in der Hand – versonnen die Maingasse hinauf gerichtet. Träumen erlaubt!
Ulrich Stefan Knoll

Streitbare Kunst – für die einen ist das zeitgenössische Treppenhaus ein Aufreger, für andere alleine ein Grund zur Buchung.

Contentious Art – a bit much for some, for others Denkmal Karlstadt's contemporary staircase is their sole reason for booking.

Schlicht und passend.
Das Mobiliar wurde nach den Vorstellungen des Architekten entworfen.

A perfect fit.
The furniture was developed in accordance with the architect's own design concept.

A modern fairytale

The peaceful little town of Karlstadt lies tucked away between the vine-covered slopes of the Main valley in the very heart of Germany. Entering the old town from the river, it is impossible to miss the ancient "Denkmal", a building with a 700-year history. If you stay in the topmost of the two holiday apartments, you will wake up beneath exposed roof timbers, the oldest of which date back to 1309.

The building's location near the river wharf suggests that it was probably once a warehouse providing interim storage under the historic staple right system for goods transported along the Main. In 2012, local architect Alfred Wiener acquired the property and drew on his extensive experience in building conservation and fine feel for historic details to bring it back to life. The renovations, which took several years, included restoring structural members of the badly damaged historic building, such as floors and roof timbers, and strengthening the central load-bearing wall on the ground floor. The years of hard work paid off – today's visitors are greeted by casement windows with antique glass, exposed murals and many other details that immediately create a welcoming atmosphere. Modern installations such as the individually designed, multifunctional kitchen elements harmonise perfectly, while their lightness and clarity offers a pleasing contrast.

The staircase, built to provide access to the apartments, is also new. Full modernity comes into play here – working with artists Thomas Lange and Mutsuo Hirano, the architect has turned the whole property into a contemporary work of art, a deliberate break from history that positions the house firmly in the 21st century.

There is a wealth of sightseeing not far from the Denkmal, with the possibility of day trips to towns and cities such as Würzburg, Bamberg and Rothenburg, while the beautiful landscapes of the Main valley and the Spessart and Rhön mountains can be explored on bikes or on foot. Or you can simply sit and relax outside the café on the ground floor, watching the bustle of the sunny Maingasse – maybe with a glass of local wine. Daydreaming allowed!
Ulrich Stefan Knoll

DENKMAL KARLSTADT | DEUTSCHLAND | BAYERN, KARLSTADT AM MAIN

2 Ferienwohnungen für je 2–3 Personen | Design: Alfred Wiener, Karlstadt | Fertigstellung: 2014 | www.denk-mal-karlstadt.de

EMMERICH
HOTEL
1
Untermarkt
Eingang

Emmerich Hotel

Die Sehnsucht nach dem anderen

In Görlitz, der östlichsten Stadt Deutschlands, gehen die Filmcrews ein und aus. Mit 4000 Baudenkmälern aus mehr als 500 Jahren Architekturgeschichte bietet die Stadt die perfekte Kulisse für Historienfilme und lockt selbst Hollywoodproduzenten an die Neiße. Auch das Eckhaus, in dem im 15. Jahrhundert der damalige Bürgermeister Georg Emmerich wohnte, diente schon als historische Filmkulisse. Hier sprang Jackie Chan 2003 im Film *In 80 Tagen um die Welt* aus einem Fenster in einen Heißluftballon.

Einige Jahre später war das am zentralen Untermarkt stehende Haus so verfallen, dass es einzustürzen drohte. Der Architekt Christian Weise hat das Gebäude vor dem Abriss gerettet und damit der Stadt nicht nur ein architektonisches Schmuckstück erhalten, sondern diese auch um ein ebenso stilvolles wie außergewöhnliches Hotel bereichert.

Das Emmerich Hotel verbindet Historie mit neuen Einflüssen. Wichtig ist für Weise, „dass das Emmerich ein Gefühl vermittelt, das wir als Reisende zelebrieren: die Sehnsucht nach dem anderen, einer Eigenart, die uns begeistert." So stößt man im ganzen Haus auf einen eklektischen Stilmix aus alt und neu, schlicht und verziert, rustikal und elegant. Das alles steht gleichberechtigt nebeneinander und bestärkt sich gegenseitig in seiner Wirkung. In den 15 Zimmern treffen rohe Backsteinwände und gotische Wandflächen auf Betondecken, Eichenholzdielen auf Schieferfliesen, ornamentale Stoffe auf schlichtes Leinen, Antiquitäten auf Mid-Century-Klassiker. An den Wänden hängt moderne Kunst, die teils von Weises Tochter, der Künstlerin Charlott Weise, stammt. Zusammen mit Anton Schön hat sie auch das Deckengemälde im Frühstücksraum gestaltet. Die darauf abgebildete Ananas trifft man in vielfältiger Form im ganzen Haus als dekoratives Objekt. Als Symbol für das Reisen und das Besondere ist sie das Wahrzeichen des Hauses.

Ein Wochenende wird kaum reichen, um alle Sehenswürdigkeiten von Görlitz und Umgebung zu entdecken. Neben der Besichtigung der Altstadt und den Museen steht ein Ausflug über die Neißebrücke in den polnischen Teil der Stadt auf dem Programm. Sportlich Aktive erkunden das Dreiländereck Oberlausitz, Riesengebirge und Isergebirge auf Wanderungen oder mit dem Fahrrad.
Anke Steinweg

**Harmonie der Gegensätze:
Backsteinwände mit gotischen Elemente
treffen auf Betondecken,
ornamentale Stoffe auf schlichte Möbel.**

**A harmony of contrasts:
Brick walls with Gothic elements meet
concrete ceilings, while ornamental materials
contrast with simple furniture designs.**

Ob im Frühstücksraum oder an der Rezeption: Die Ananas als Symbol für das Besondere findet sich überall im Hotel.

Images of pineapples feature throughout the hotel – be it at reception or in the breakfast room – as symbols of the exotic.

The desire for something different

Görlitz, Germany's most easterly town, sees its fair share of film crews coming and going. With some 4,000 listed historic buildings covering 500 years of architectural history, the town offers the perfect backdrop for historical films, even attracting Hollywood producers to the banks of the Neisse river. The corner house in which the former mayor, Georg Emmerich, lived in the 15th century has itself been used as an historical film set – Jackie Chan jumped from one of its windows into a hot-air balloon in the 2004 film *Around the World in 80 Days*.

Only a few years later, the house on the central Untermarkt (Lower Market) had become so derelict that it was almost falling down. The architect Christian Weise saved the building from ruin and provided the town with not only another architectural gem, but a stylish and outstanding hotel.

The Emmerich Hotel blends history with new influences. Weise believes the Emmerich should be "full of the kind of atmosphere we travellers treasure: the desire for something different, a distinctive character that inspires us." And so, throughout the hotel, you come across an eclectic mix of old and new styles, both simple and decorative, rustic and elegant. All the disparate elements are equally valued, each mutually reinforcing the effect of the other. In the 15 rooms, red brick walls and Gothic wall panels sit side by side with concrete ceilings, oak floorboards with slate tiles, ornamental fabrics with simple linens, antiques with 20th century classics.

Modern art hangs on the walls, some of it by Weise's daughter, artist Charlott Weise. Together with Anton Schön, she also designed the painted ceiling in the breakfast room, the pineapples it features being taken up as a decorative motif throughout the hotel – a symbol of travel and seeking out the exotic.

A weekend would hardly be enough to explore all the sights of Görlitz and its surrounding area. As well as sightseeing in the old town and visiting the museums, a trip across the bridge over the Neisse to the Polish part of the town is a must. Sports enthusiasts will also find a wealth of excellent walking and cycling in the Lusatian, Krkonoše and Jizera mountain ranges in the triangle where three countries – Germany, Poland and the Czech Republic – meet.

Anke Steinweg

EMMERICH HOTEL | DEUTSCHLAND | SACHSEN, GÖRLITZ

Hotel mit 15 Zimmern | Design: Christian Weise, Görlitz | Fertigstellung: 2014 | www.emmerich-hotel.net

Haus am Havelbogen

Fluss in Sicht!

Die brandenburgische Stadt Werder ist eine Wasserstadt: Von mehreren Seen flankiert, liegt ihr historisches Zentrum auf einer Insel in der Havel. Die Silhouette der denkmalgeschützten Altstadt mit dem 45 Meter hohen Kirchturm hat man vom Haus am Havelbogen bestens im Blick. Das Gebäude liegt schräg gegenüber dem historischen Zentrum auf einem in den Uferpark übergehenden Grundstück. Der moderne Bau hält sich dezent im Hintergrund. Die Farbe ist unauffällig, die Architektur schlicht und geradlinig. Raffinesse erhält das Haus durch Vor- und Rücksprünge, die durch die um 90 Grad gedrehte Anordnung der beiden Etagen entstehen. Doch der eindeutige Hauptdarsteller ist der Ausblick auf den Fluss – und so öffnet sich der nach Norden und Westen relativ verschlossene Bau mit großen Fensterfronten zur Wasserseite.

Das Haus umfasst zwei Ferienwohnungen, die im Stil ähnlich sind, sich in Größe und Ausstattung jedoch unterscheiden. Die Besonderheiten der 75 Quadratmeter großen Gartenwohnung sind die Wände aus Sichtbeton im Wohnzimmer, der Kaminofen und die Sauna im Bad. Die 62 Quadratmeter große Terrassenwohnung hat nur ein Schlafzimmer, dafür jedoch eine zusätzliche Schlafgelegenheit im Wohnraum. Aus der frei stehenden Wanne im Bad blickt man auf die Havel und auch die 40 Quadratmeter große Terrasse bietet durch die Lage im ersten Stock schönste Aussichten. Beide Wohnungen sind modern und zweckmäßig eingerichtet – Designliebhaber entdecken hier das eine oder andere bekannte Stück wie den Eames-Schaukelstuhl oder den Chair One von Konstantin Grcic.

Der große Garten mit weiter Rasenfläche steht beiden Parteien zur Verfügung. Auf dem Bootssteg kann man stundenlang sitzen und das Treiben auf dem Wasser beobachten. Oder man wird selbst aktiv und unternimmt mit den hauseigenen Kanadiern und Kajaks eine kleine Bootstour oder Radtouren durch das Havelland. Die Altstadt von Werder mit Restaurants und Cafés ist zu Fuß ebenso schnell zu erreichen wie der Bahnhof. Und in 10 Minuten ist man mit dem Zug in Potsdam beziehungsweise in einer guten halben Stunde in der Metropole Berlin.

Anke Steinweg

Vom hauseigenen Steg kann man direkt los schippern.

Step off your very own jetty and sail away.

Die Gartenwohnung hat Betonwände und einen Kamin. Durch die großen Fenster sind die Havel und die Insel immer im Blick.

The garden apartment features concrete walls and a fireplace. The Havel river and the island town of Werder are always in view from its broad windows.

River ahoy!

The town of Werder in the state of Brandenburg, Germany, is defined by water: flanked by lakes on several sides, its historic centre is on an island in the River Havel. The Haus am Havelbogen provides an excellent view of the skyline of this protected old town with its 45-metre high church tower. The house is located diagonally opposite the historic centre on a plot that forms part of the riverside park. The modern building keeps discreetly to the background, with its unobtrusive colours and the sleek straight lines of its architecture. Projections and recesses formed by the 90-degree offset of the ground and first floors give the house an air of refinement. Yet the show is stolen by the view over the river, which is why the house, relatively enclosed to the north and west sides, has large glazed frontages to the sides facing the water.

The house is divided into two holiday apartments, similar to one another in style, but varying in size and design. The distinctive features of the 75 m^2 garden apartment are the fair-faced concrete walls in the living room, the solid wood-burning stove and the sauna in the bathroom. The 62 m^2 terrace apartment has only one bedroom, but there is an optional bed in the living room. The free-standing bathtub looks out over the Havel, and the 40 m^2 first-floor terrace offers the most magnificent views. Both apartments are modern and practically fitted out – anyone familiar with designer furniture may spot some familiar pieces, such as the Eames rocking chair or Chair One by Konstantin Grcic.

The large garden with extensive lawns is available to the occupants of both apartments. You can sit for hours on the jetty watching the comings and goings on the water, or enjoy some activities yourself, such as canoeing in the house's own kayaks or Canadian canoes, or exploring the area along the banks of the Havel by bike. The old town of Werder with its restaurants and cafés is an easy walk away, and the station is also within easy reach. From here it takes 10 minutes by train to Potsdam and only half an hour to Berlin.

Anke Steinweg

HAUS AM HAVELBOGEN | DEUTSCHLAND | BRANDENBURG, WERDER (HAVEL)

2 Ferienwohnungen für bis zu 4 Personen | Design: Christian Hanneforth – planbar 3, Berlin | Fertigstellung: 2011 | www.haus-am-havelbogen.de

Inselhäuser Berta & Charly

Klar und frisch

Fehmarn, die drittgrößte Insel Deutschlands, im Norden Schleswig-Holsteins gelegen, ist mit dem Festland über die Fehmarnsundbrücke verbunden. Bei der Fahrt über das Inselwahrzeichen blickt man auf Wasser und Schiffe – ein stimmungsvoller Urlaubsauftakt! Die Brücke überquerten Frank und Susanne Plehn früher häufig, denn die Betreiber eines Hamburger Architekturbüros kamen gerne zum Surfen auf die Insel. Da sie von den Surfrevieren und der Natur so begeistert waren, verlegten sie ihren Zweitwohnsitz nach Fehmarn. 2010 kauften sie in Klausdorf ein großes Grundstück eines ehemaligen Bauernhofes. Das inseltypische Bauernhaus von 1934 haben sie saniert und um zwei Neubauten in Holzbauweise ergänzt: ein Langhaus, das die alte Scheune ersetzt, und ein Gebäude in Würfelform.

Haus Berta befindet sich in hinteren Teil des aus zwei Einzelgebäuden bestehenden Langhauses. Die dunkelgraue Fassade wird durch die Zwischenbauten in Lärchenholz akzentuiert. Im Erdgeschoss liegen die Schlafzimmer (drei Doppel- und zwei Einzelzimmer), zwei Bäder und eine Sauna. Gewohnt wird unter dem Dach: Der Raum ist an den Giebelseiten komplett verglast und daher lichtdurchflutet. Der Treppenaufgang teilt den Raum in zwei Bereiche: die Sitzecke mit Kamin und die Küche mit großem Essplatz und Zugang zur Terrasse. Der Blick geht über die Felder zur Ostsee – und bei guter Sicht bis nach Dänemark!

Mit der kubischen Form weicht Haus Charly von der traditionellen Bauweise des Ortes ab, bildet jedoch mit seiner Lärchenholzfassade ein harmonisches Duett mit dem Langhaus. Im Erdgeschoss befindet sich ein heller Wohn-, Ess- und Kochbereich mit Kamin und vorgelagerter Terrasse. Die beiden Schlafzimmer und die Sauna im ersten Stock haben Zugang zum Balkon und bieten eine weite Sicht bis zur Ostsee.

Zum nächsten Strand sind es 900 Meter und weitere Strände sind gut zu erreichen. Die Insel bietet Wassersportlern, Reitern und Radfahrern viele Möglichkeiten. Die Inselhauptstadt Burg mit vielen Einkaufsmöglichkeiten, Restaurants und dem Meereszentrum ist nur 4 Kilometer entfernt. Hat einen die Leidenschaft für die Insel erst einmal gepackt, dann wird man sie nicht mehr los. Frank und Susanne Plehn haben noch ein Grundstück in Klausdorf gekauft und bauen dort ein weiteres Haus.

Anke Steinweg

Die Inselhäuser haben ein modernes, schlichtes Design mit raffinierten Details: Die Treppe in Haus Charly wird über den Handlauf indirekt beleuchtet.

Berta and Charly combine a simple, modern design with refined details. Charly's staircase is lit indirectly by the handrails.

Die Häuser sind so ausgerichtet, dass sich die Bewohner nicht gegenseitig in die Fenster oder auf die Terrasse schauen. In Haus Berta liegt das Wohnzimmer im Dachgeschoss mit Blick auf die Ostsee. In Haus Charly bieten die Schlafzimmer mit vorgelagertem Balkon weite Ausblicke.

The two houses are designed to ensure complete privacy: their occupants can't see each other through the windows or from either terrace. Berta's living room is located on the top floor with views out to the Baltic Sea, while Charly's bedrooms access a balcony that also offers broad ocean views.

Fresh as a sea breeze

Fehmarn, is Germany's third-largest island, is connected to the mainland by the Fehmarn Sound Bridge. Frank and Susanne Plehn used to cross this bridge frequently, since the couple, proprietors of a Hamburg architecture practice, loved to come to the island to surf. They were so enamoured with the beaches and natural landscapes that they decided to set up a second home on Fehmarn, buying a former farm in Klausdorf in 2010. They renovated the farmhouse, dating to 1934, in the typical style of the island, and built two new timber houses – a long house on the site of the old barn and a separate cubic building.

The house called Berta is in the rear part of the long house, which actually consists of two individual buildings. Its dark grey façade is accentuated by the connecting extension constructed of larch wood. The ground floor houses the bedrooms (three double and two singles), two bathrooms and a sauna. The living room is on the top floor – at the gable end it features full-height glazing that floods the space with light. The landing divides the room in two, providing a seating area with an open fireplace on one side and a kitchen with a spacious dining area and access to the terrace on the other. The view extends over fields to the Baltic – and on clear days you can even see Denmark!

The house called Charly has a cubic shape that distinguishes it from vernacular architecture, but with its larch wood façade it harmonises beautifully with the long house. On the ground floor there is a light living, dining and kitchen space with an open fireplace and outside terrace. The two bedrooms and sauna on the first floor have access to a balcony and offer extensive views out towards the Baltic.

The nearest beach is just 900 metres away, and there are plenty of other beaches within easy reach. The island has a wealth of activities to offer, including water sports, horse riding and cycling. The property is just four kilometres from the island's capital, Burg, which offers a wide range of shops, restaurants and a marine centre. Once you have been captivated by the island's delights, it won't let you go – Frank and Susanne Plehn have bought a further plot in Klausdorf, where they are building another house.
Anke Steinweg

INSELHÄUSER BERTA & CHARLY | DEUTSCHLAND | SCHLESWIG-HOLSTEIN, FEHMARN, KLAUSDORF

2 Ferienhäuser für 8 bzw. 4 Personen | Design: Frank Plehn – Planungsbüro P4, Hamburg | Fertigstellung: 2016 | www.inselhaeuser-fehmarn.de

Loi Black

Das schlichte Schwarze

Zwischen Rügen und Usedom, direkt am Greifswalder Bodden, liegt Loissin. Die idyllische Landschaft und die Nähe zur Ostseeküste machen das kleine Dorf zu einem attraktiven Urlaubsziel – mit Loi Black, einem modernen, ebenso schlichten wie besonderen Ferienhaus, gibt es nun einen Grund mehr, dorthin zu fahren.

Markant ist die schwarze Außenfassade des Holzhauses, dessen Klarheit sich an den für die Region typischen schwarz getünchten Bootshäusern und Scheunen orientiert. Die archetypische Form des Gebäudes wird nur unterbrochen durch ein Terrassenvordach an der Südseite sowie verschieden große farblich abgesetzte Tür- und Fensteröffnungen, die dem strengen Baukörper seinen besonderen Charme verleihen.

Im Haus befinden sich zwei nahezu baugleiche Ferienwohnungen. Betritt man das Haus von der Giebelseite aus, gelangt man zunächst in einen bis zum Dach offenen Wohnraum, der in eine Küche mit großem Esstisch übergeht. Großformatige Schiebeelemente machen die Räume hell und luftig und bieten einen direkten Zugang zur überdachten Holzterrasse. Beide Haushälften können durch Doppelflügeltüren im Essbereich zu einem großen Haus verbunden werden. Die Küche liegt – ebenso wie ein Schlafzimmer und das Bad – im massiven Holzkörper, in dessen Wände nicht nur Regale und Schränke eingebaut sind: Auch die Treppe ins Dachgeschoss ist optisch zurückhaltend und geschickt in die Holzverkleidung integriert. Oben befindet sich ein Schlafraum mit großem Doppelbett als einzigem Möbelstück, Wände und Decken sind mit Grobspanplatten verkleidet. Klare Linien und die helle Holzverkleidung des gesamten Innenraums schaffen ein behagliches Ambiente. Einzelne weiße Möbel setzen Akzente, während die Farbgebung der Wohntextilien sehr zurückhaltend ist. Zeitlose und filigrane Pendelleuchten aus Holzlamellen sorgen für ein schönes Licht. Besonders einladend ist die Sitzecke am großen Panoramafenster – in der kühleren Jahreszeit sorgt der Kamin für wohlige Wärme.

Loi Black ist perfekt für den Urlaub mit der eigenen Familie oder – wenn beide Haushälften gemietet werden – zusammen mit einer befreundeten Familie. Ob Entspannen im Haus oder am Strand, Wandern, Radfahren, Angeln oder Surfen, hier kommt jeder auf seine Kosten. Auch zu besichtigen gibt es einiges – nicht nur das Renaissanceschloss Ludwigsburg.

Tina Barankay

Klare Linien prägen den offenen Wohnraum. Die Treppe ins Dachgeschoss ist geschickt in die helle Holzverkleidung integriert.

Clear, straight lines characterise the open living area. The stairs leading to the top floor are neatly integrated into the light wood panelling.

Die nahezu baugleichen Wohnungen wirken hell und luftig – die offene Küche und die Sitzecke laden zum Verweilen ein.

The near-identical apartments are light and airy – the open kitchen and corner seating area invite you to stay a while and relax.

Sleek and black

Loissin lies between Rügen and Usedom, on the shore of Greifswald Bay. The idyllic landscape and its proximity to the Baltic coast make this little village an attractive holiday destination – and Loi Black, a modern, sleek and unique holiday home, is an additional reason to go there.

The wooden house has a striking black façade, with clean lines that recall the region's typical black-painted boathouses and barns. The archetypal design of the house is broken only by a covered terrace on the southern side and various large window and door openings in a contrasting colour, which give the structure its unique character.

The building houses two almost identical holiday apartments. Entering the house from the gable end, the first room is an open, double-height living room, which leads to a kitchen with a large dining table. Large sliding doors providing direct access to the covered, timber-decked terrace, give the rooms a bright and airy feel. Double doors in the dining area enable both halves to be connected, forming a single, large house. The kitchen, one of the bedrooms and the bathroom are housed in a solid timber core, with walls that contain shelves, built-in cupboards and a staircase to the upper storey that is subtly and skilfully integrated in the timber cladding. Upstairs there is a bedroom clad entirely in chipboard panels in which a large double bed is the only item of furniture. Clear lines and the light timber cladding throughout the house create a cosy atmosphere. Individual pieces of white furniture provide subtle focal points, the interior fabrics have muted hues and timeless filigree pendant lights of timber slats give a warm light to the rooms. The corner seat by the large picture window is a particularly inviting place to sit, and in the cooler months of the year the fireplace provides warmth.

Loi Black is perfect for family holidays or, if both halves are rented, for two families/groups holidaying together. Relaxing at home or on the beach, walking, cycling, fishing or surfing – there is something for everyone here. There are also plenty of noteworthy sights, including the Renaissance castle of Ludwigsburg. Tina Barankay

LOI BLACK | DEUTSCHLAND | MECKLENBURG-VORPOMMERN, LOISSIN

Ferienhaus, je Haushälfte für 2–6 Personen | Design: Clemens Ahlgrimm, Sebastian Luxenburger, Berlin | Fertigstellung: 2015 | www.loiblack.de

quartier

Quartier mit Bergblick

Die Berge muss man mögen, wenn man nach Garmisch-Partenkirchen fährt – denn rund um das oberbayerische Städtchen dominieren neben malerischen Ortschaften und zahlreichen Seen vor allem hohe Gipfel. Inmitten dieser Bilderbuchlandschaft, direkt unterhalb der Zugspitze, bietet ein ungewöhnliches Hotel moderne Lodges mit Almhütten-Flair. Von Weitem schon fällt die schlichte dunkle Holzfassade ins Auge, beim Näherkommen der geschwungene Schriftzug „quartier".

Die Architektur des Hauses unterscheidet sich von der ortstypischen traditionellen Bauweise und ist gleichzeitig ihre zeitgemäße Interpretation: Die vier asymmetrischen Giebel mit ebenso asymmetrischen, aber harmonisch eingepassten großen Fenstern zeichnen die Silhouette der dahinter liegenden Berge nach. Einzelne ornamentale Verzierungen an dem sonst sehr puristischen Gebäude greifen das Schnitzwerk der angebundenen 110 Jahre alten Villa auf. Ein kubischer Bau in Sichtbetonoptik schafft eine interessante Verbindung zwischen dem Altbau und dem modernen, aus regionalen Materialien und nach baubiologischen Kriterien errichteten Gebäudetrakt. Zeitgemäße Elemente grenzen sich ab und nehmen doch Bezug auf das Alte, etwa durch den Laubengang aus Sichtbeton, der die Balkone des Altbaus neu interpretiert.

Während die Villa eine stilvoll eingerichtete Tagesbar mit offenem Kamin, eine Bibliothek, einen Seminarraum sowie eine Ferienwohnung beherbergt, sind im neuen Trakt die Lodges untergebracht. Durch die hellen, unbehandelten Holzwände und die puristische Einrichtung wirken die vollverglasten Lodges klar und reduziert. Jede Lodge hat eine Pantry-Küche, einen Schlaf-Wohn-Bereich mit Doppelbett und Sitzbank im Fenster sowie eine Schlafkammer. Die Lodges im Obergeschoss verfügen zusätzlich über eine Galerie, die den Raum über eine Höhe von teilweise 6 Metern öffnet.

Das quartier ist konsequent auf Nachhaltigkeit, Gesundheit und Erholung ausgerichtet. Einen Fernseher sucht man hier vergebens, die Lodges sind elektrosmogreduziert und ideal für einen Offline-Urlaub. Dafür gibt es ein umfangreiches Bewegungsprogramm für Groß und Klein: Ob bei geführten Mountainbike- oder Langlauftouren, bei Kräuterexkursionen oder beim Yoga – hier lässt sich die Bergluft ohne Stress genießen. Tina Barankay

Im Empfangsbereich des verbindenden Gebäudetrakts harmonieren Sichtbeton und helles Holz – eine perfekte Mischung als Purismus und Wärme.

Fair-faced concrete and light wood meet in harmony in the reception area of the connecting wing – a perfect blend of purism and warmth.

Helles Holz, gemütliche Sitzecken
und die stilvoll-puristische Einrichtung
schaffen eine heimelige Atmosphäre.

Light wood, cosy seating areas
and a purist interior design
create a homely atmosphere.

Quarters with mountain views

Mountains are a must when you go to Garmisch-Partenkirchen – the area around this little Upper Bavarian town is surrounded by high peaks. In the heart of this picture-book landscape, at the feet of the Zugspitze, is an extraordinary hotel offering modern apartments with a distinctive, Alpine chalet-inspired character. The sleek, dark timber façade catches the eye from a distance, then as you approach you see the curves of the quartier logo.

The building's architecture stands out as a contemporary interpretation of the local, traditional style. The four asymmetrical gables with similarly asymmetrical windows echo the skyline of the mountains behind, while individual ornamental details on the otherwise purist building are inspired by the carvings on the adjacent, 110-year-old villa. A cubic connecting structure of fair-faced concrete creates an interesting link between the old and modern section, the latter of which is built from regional materials according to sustainable criteria. Contemporary elements make affectionate reference to the old building, for example the concrete loggia that is a modern-day reinterpretation of the balconies on the old house.

The villa houses a stylish bar with an open fireplace, a library, a seminar room and a holiday apartment, while the new wing houses the lodges. The light-coloured natural timber walls and the purist interiors provide these apartments with an uncluttered, back-to-basics feel. Cosy seating, modern lighting and subtly coloured textiles all combine to create a welcoming atmosphere. Each apartment has a pantry kitchen, an open-plan sleeping and living area with a double bed and window seating, as well as a further bedroom. The top-floor apartments also have a gallery, which opens the space up to a height of six metres.

The quartier was designed with a focus on sustainability, health and relaxation. There are no TVs to be found here, the apartments are "electrosmog-reduced" and ideal for offline vacations; instead you will find a comprehensive range of activities for all ages – with guided mountain bike tours or cross-country skiing expeditions, guided hikes or yoga, this is the perfect place for stress-free enjoyment of the pure mountain air. Tina Barankay

QUARTIER | DEUTSCHLAND | BAYERN, GARMISCH-PARTENKIRCHEN

18 Lodges und 1 Ferienwohnung für 1–4 Personen | Design: Bembe-Dellinger Architekten, Greifenberg (Architektur); Theo, Eva und Lena Peter, Münsing (Innenarchitektur) | Fertigstellung: 2016 | www.quartier-gapa.de

SOON appartements

Heimat auf Zeit

Sanfte Hügel, idyllische Bachtäler und imposante Felsformationen prägen den Hunsrück im Südwesten Deutschlands. Die waldreiche Region ist ein beliebtes und prämiertes Wandergebiet. In den Wäldern rund um den Soonwald trieb einst der Räuberhauptmann Schinderhannes sein Unwesen. Der nach ihm benannte Schinderhannesturm, aus dem ihm 1799 eine spektakuläre Flucht gelang, ist heute das Wahrzeichen der Kreisstadt. Auch von der Dachterrasse der SOON appartements hat man den Turm im Blick.

Die Ferienwohnungen befinden sich in der Fußgängerzone in einem 1950er-Jahre-Bau. Das Wohn- und Geschäftshaus beherbergte im Erdgeschoss ursprünglich ein Elektro- und Musikgeschäft, welches 1960 zur Apotheke umgebaut wurde. Beim Hauskauf durch Katja Oertel stand das Haus schon mehr als zehn Jahre leer und war stark renovierungsbedürftig. Mit der Sanierung und dem Umbau wollte Katja Oertel gemeinsam mit ihrem Mann, dem Architekten Götz Oertel – beide über Generationen tief in der Stadt verwurzelt – ihrem Heimatort etwas zurückgeben und Urlaubsgästen in der historischen Innenstadt Simmerns eine Heimat auf Zeit bieten.

Die ehemalige Apothekerwohnung wurde in fünf Apartments umgewandelt: zwei 60 Quadratmeter große Wohnungen, nach hinten zu den angrenzenden Gärten ausgerichtet und mit Terrasse beziehungsweise Balkon; sowie drei kleinere, zur Fußgängerzone gelegene Studios. Die Räume sind hell und freundlich, viel Weiß mit schwarzen Akzenten sowie geradlinige Möbel sorgen für ein klares, modernes Ambiente. Einen schönen Kontrast und gleichzeitig eine Reminiszenz an die Geschichte des Hauses stellen die Sessel und Lampen aus den 1950er Jahren dar. In den ehemaligen Apothekenräumen im Erdgeschoss ist ein Mehrzweckraum mit offener Küche entstanden, der zusätzlich angemietet werden kann.

Im ganzen Haus finden sich Aufnahmen aus dem Film-Epos *Heimat* des Regisseurs Edgar Reitz. Mit seiner im Hunsrück spielenden Familienchronologie schrieb er Filmgeschichte und machte die Region weltberühmt. Bei Wanderungen in der Umgebung kann man die Drehorte und die Weite des Soonwalds auf dem Premiumwanderweg Soonwaldsteig erkunden. Weinliebhaber finden malerische Weindörfer und einige der besten Rieslinge Deutschlands in den angrenzenden Weinbaugebieten an den Flüssen Mosel, Rhein und Nahe. Anke Steinweg

Dort, wo einst Elektrogeräte und später Medikamente verkauft wurden, ist heute der Eingangsbereich zu den Ferienwohnungen.

The storefront, which once housed an electrical goods shop and later a pharmacy, now acts as the entrance lobby to the SOON appartments.

Die Schwarz-Weiß-Kontraste sorgen für ein klares, modernes Ambiente in den Wohnungen. An die Entstehungszeit erinnern das Treppenhaus und ausgewählte Möbel aus den 1950er Jahren.

The black and white contrasts within each apartment create a clear, modern ambience. The stairwell and selected pieces of 1950s furniture harken back to the era in which the house was built.

Home away from home

The Hunsrück region in the south-west of Germany is characterised by rolling hills, idyllic streams and imposing rock formations. Today, its forests are popular with hikers, although in days gone by they were more feared than revered, especially the Soonwald, where legendary outlaw Schinderhannes wrought havoc. The prison tower in Simmern, from where he staged a spectacular escape in 1799, is one of the town's main attractions and can be seen from the roof terrace of the SOON apartments.

The holiday apartments are housed in a 1950s building in the town's pedestrian zone. Originally an electrical goods and music shop, the building was converted to a pharmacy with living accommodation in 1960. When Katja Oertel bought the property, it had stood empty for more than ten years and was in dire need of renovation. Katja and her husband, architect Götz Oertel, have deep roots here and wanted to give something back to their home town. By renovating the building they not only wanted to save the structure, but also to bring holidaymakers to Simmern and offer them a home away from home.

The former pharmacist's premises was converted into five apartments – two 60 m^2 apartments facing onto the courtyard, with a terrace and balcony, and three smaller studios overlooking the street. The rooms are light and welcoming, their predominant white punctuated by black contrasts and linear furniture giving a clean, modern atmosphere. Selected 1950s chairs and lamps provide a lovely contrast while at the same time recalling the building's history. The ground-floor pharmacy houses a multi-purpose room with a kitchen, which can be hired additionally.

Throughout the house there are photos from the *Heimat* film series by Eduard Reitz. His family chronicle portraying generations of Hunsrück life made its mark on film history and brought world fame to the region. Hiking routes throughout the region will lead you to some of the filming locations and let you explore the expansive Soonwald forest along the Soonwaldsteig trail. Wine lovers will discover picturesque vineyards and some of Germany's best Rieslings on trips to the nearby wine-producing areas in the Mosel, Rhine and Nahe valleys. Anke Steinweg

SOON APPARTEMENTS | DEUTSCHLAND | RHEINLAND-PFALZ, HUNSRÜCK, SIMMERN

5 Apartments für je 2 Personen | Design: Götz Oertel, Simmern (Architektur) Katja Oertel, Simmern (Innenarchitektur), | Fertigstellung: 2013 | www.SOONappartements.de

Strandhaus fünfzehn

Das Meer in Hörweite

Aus Richtung Westen kommend erreicht man das Ostseebad Wustrow auf dem Fischland über eine Landbrücke – zur Rechten die Ostsee, zur Linken das schilfbewachsene Boddenufer. An der Seeseite reihen sich die Ferienhäuser hinter windgebeugten Kiefern wie auf einer Perlenkette aneinander. Kurz vor dem Ortseingang befindet sich das Strandhaus fünfzehn. Auf den allerersten Blick ist unklar, ob das Reetdachhaus neu oder alt ist. Genau das war den Bauherren wichtig: Sie wollten ein Haus bauen, dass nicht modern wirkt und das typisch für die Region ist. Daher hat der Neubau nicht nur das in der Gegend vorgeschriebene Reetdach, sondern außerdem traditionelle Fledermausgauben, Holz-Sprossenfenster mit Fensterläden und eine farblich abgesetzte Haustür.

Bei der Innenraumgestaltung des 90 Quadratmeter großen Hauses wurde viel Wert auf Offenheit und Leichtigkeit gelegt. Im Erdgeschoss ist nur das Bad mit Türen versehen. Vom Eingangsbereich gelangt man direkt in den Wohnraum mit Essplatz und Sitzecke am Kamin sowie in die Küche. Viele Fenster belichten den Raum und bieten Ausblicke in den Garten und auf die Terrasse. Im Dachgeschoss befinden sich zwei Schlafzimmer, in denen Einbauten den Platz unter dem Dach geschickt ausnutzen.

Diverse Details im ganzen Haus bezeugen, dass die Besitzer eine Menge Herzblut in die Planung und Einrichtung gesteckt haben. Die Betonfliesen im Eingangsbereich und in der Küche wurden eigens für das Haus entworfen und harmonieren mit dem Holzfußboden aus Pitchpine. Die Küche und viele Möbelstücke wurden maßgefertigt. Die Räume sind nach einem einheitlichen Farbkonzept gestaltet: Sanfte Pastelltöne verleihen ihnen ein heiteres Ambiente. Im Wohnraum versprühen die Cocktailsessel und die Grasshopper-Lampe Retrocharme, der schlichte Kamin mit Betonverkleidung verortet den Raum in der Gegenwart. Die vielen Kunstwerke haben die Eigentümer speziell und mit viel Vorfreude auf das Haus über einen längeren Zeitraum gesammelt.

Das Meer ist in Hörweite, das Haus liegt gleich hinter den Dünen und der Strand ist nur ein paar Schritte entfernt. Mit dem Fahrrad ist man schnell an der Seebrücke von Wustrow. Weitere Radtouren führen in die Künstlerkolonie Ahrenshoop oder zum wild-romantischen Darsser Weststrand.

Anke Steinweg

Eine schlicht-schöne Eichentreppe führt zu den Schlafzimmern im Obergeschoss.

A simple yet beautiful oak staircase leads to the bedrooms on the upper floor.

Ob Essplatz mit Zugang zur Terrasse,
Sitzecke am modernen Kamin oder Schlafzimmer:
Alle Bereiche bestechen durch ein heiteres
und heimeliges Ambiente.

A dining area with access to the terrace, a comfy corner for relaxing by the fireplace and, of course, the cosy bedrooms: spaces that encapsulate this home's enchantingly cheerful and homely ambience.

Within sound of the sea

Approaching from the west, you access the Baltic seaside resort of Wustrow on the Fischland peninsula via an isthmus, with the Baltic to your right and the reedy shallow waters of the bay to your left. On the seaward side, a series of holiday homes are ranged among windblown pines like a string of pearls. One of these, Strandhaus Fünfzehn, is located just before you enter the town. At first sight it is not obvious whether the reed-thatched house is old or new. This was important to the owners – they wanted to build a house in the traditional style of the region. The new house not only features the reed thatched roof that is ubiquitous in the local area, but also traditional eyebrow dormers, windows with glazing bars and windowsills, and a distinctively brightly coloured front door.

The interior design of this 90 square metre house is characterised by a light, airy atmosphere. The only ground-floor room with a door is the bathroom. The entrance area leads directly to the living room, with a dining area and seating by the fireside. Plenty of windows flood the space with light and offer views out into the garden. The top floor houses two bedrooms with built-in furniture that makes the most of the space beneath the roof.

The house is full of details that reflect the owner's passion employed in planning, decorating and fitting out the property. The concrete floor tiles in the entrance area and the kitchen were designed especially for the house and harmonise perfectly with the pitch pine floorboards. The kitchen and much of the furniture were been tailor-made for the house. The rooms are decorated with a harmonious colour scheme throughout – soft pastel shades create a cheerful atmosphere. The cocktail chairs and Grasshopper lamp in the living room radiate charm, while the simple, fair-faced concrete fireplace anchors the room firmly in the present. And the owners delighted in collecting numerous works of art especially for the house.

The sea can be heard nearby, since the house is just behind the dunes and the beach is a stone's throw away. The Wustrow pier is a short bike ride away, and cycle tours can also be taken to the Ahrenshoop artists' colony or the wild and romantic beach at Darsser Weststrand.

Anke Steinweg

STRANDHAUS FÜNFZEHN | DEUTSCHLAND | MECKLENBURG-VORPOMMERN, FISCHLAND-DARSS, WUSTROW

Ferienhaus für 4 Personen | Design: Dorothea Galandi-Szabo, Sascha Wolter, Erfurt | Fertigstellung: 2015 | www.strandhaus-fuenfzehn.de

House B

Moderne Schlichtheit

Auf den ersten Blick erscheint House B um einiges kleiner als es tatsächlich ist. In der Nähe des verträumten provenzalischen Ortes Mollans-sur-Ouvèze halb im Hang verborgen, fügt es sich, trotz seiner ungewöhnlichen Form und dank eines stimmigen Materialkonzepts, wie selbstverständlich in seine natürliche Umgebung ein. Traditionelle regionale Materialien wie Naturstein und Holz sowie Glas dominieren das Erscheinungsbild des Hauses, das schlicht und raffiniert zugleich wirkt.

Der L-förmige Grundriss lässt sich von außen nur erahnen: Der sichtbare Teil des Baukörpers mit Pultdach, der Wohnraum und Küche umschließt, öffnet sich mit einer großen Fensterfront nach Süden zur überdachten Terrasse und zum Pool. Von hier hat man einen traumhaft schönen Blick auf die idyllische Hügellandschaft – Zypressen, Olivenbäume und Weinstöcke säumen das Grundstück. Die großen, schlichten Glaselemente trennen den Innenraum optisch kaum vom Außenbereich – sowohl das Natursteinmauerwerk als auch die Holzdecke setzen sich im offenen Wohnraum fort. Der Betonboden sowie einzelne Einbauten aus Sichtbeton oder Holz wirken klar und ruhig – einzelne Textilien setzen fröhliche Farbtupfer. Ein langer Esstisch, gemütliche Sitzecken, der Holzofen und nicht zuletzt die wunderbar zurückhaltende moderne Einrichtung sorgen dafür, dass man sich hier rundum wohl fühlt.

Die vier Schlafzimmer mit jeweils eigenem Bad verstecken sich im zweiten, zur Hälfte ins abfallende Gelände gegrabenen Gebäudeteil. Von außen nur als Steinmauer entlang des Pools zu erkennen, erreicht man ihn über eine kleine innen liegende Treppe. Im Gegensatz zum vorderen Bereich wirkt der Schlaftrakt minimalistisch und introvertiert: Eine Mischung aus viel Sichtbeton und Kiefernholz schafft eine ebenso ruhige wie intime Atmosphäre. Die Fenster der in den heißen Sommermonaten angenehm temperierten Räume sind auf den Hang ausgerichtet.

Ob auf der Terrasse in lauen Sommernächten, beim Baden im beheizbaren Pool oder beim Ruhen in der etwas höher im Garten liegenden Sauna, ob beim Tischtennis oder Boule-Spielen: Hier lässt es sich zu jeder Jahreszeit entspannen und genießen. Die reizvolle Umgebung lädt zum Wandern und Radfahren oder auch zu Ausflügen in kleine Dörfer und Städte ein.

Tina Barankay

Mit den farbigen Kissen wirkt die schlichte Sitzecke aus Sichtbeton ruhig und gemütlich.

With its colourful cushions, this fair-faced concrete sitting corner is perfect for relaxing and lounging around on.

Der Wohnraum öffnet sich mit großen Glaselementen zur überdachten Terrasse – auch hier dominieren die Materialien Naturstein und Holz.

Through its large glass panels, the living room opens out onto the covered outdoor terrace where timber and natural stone once again dominate.

Modern simplicity

At first glance, House B looks somewhat smaller than it actually is. Tucked into a hillside near the sleepy Provençal village of Mollans-sur-Ouvèze, the house blends in comfortably with its surroundings, despite its unusual design. This is largely due to the harmonious choice of materials – stone, wood and glass predominate in the appearance of the house, which looks both modest and refined.

The L-shaped ground plan is only hinted at from the outside. The visible part of the building with its monopitch roof houses the living space and kitchen, and has a large, south-facing glazed frontage leading out to the covered terrace and swimming pool. From here there are wonderful views out over the beautiful surrounding hills, and cypresses, olive trees and vines surround the site. The large, plain glass panels mean that there is scarcely a visual barrier between inside and out, while the exposed stone walls and timbers are continued through to the open-plan living space. The concrete floors and individual structural elements of fair-faced concrete or wood have a clean, calming effect, and individual textiles provide splashes of cheerful colour. A long dining table, cosy seating, the wood-burning stove and, not least, the beautifully understated modern furniture all contribute to the lovely welcoming atmosphere.

The four bedrooms, each with their own bathroom, are concealed in the second part of the building, which is partly underground due to the sloping site. Visible from the outside as no more than a stone wall along the poolside, this wing is reached by a small internal staircase. In contrast to the front section, the bedroom wing gives a minimalist, inward-looking impression – a blend of fair-faced concrete and pine creates an atmosphere that is both calm and intimate. The windows of these rooms, which are beautifully cool in the hot summer months, look out onto the hillside.

Spending warm summer evenings out on the terrace, swimming in the heated pool, relaxing in the sauna located a short way up the garden, playing table tennis or boules – whatever the time of year there are always plenty of ways to relax and enjoy yourself. The delightful surroundings are an inviting place for hiking and cycling, as well as trips further afield to picturesque little towns and villages.
Tina Barankay

HOUSE B | FRANKREICH | PROVENCE, MOLLANS-SUR-OUVÈZE

Ferienhaus für 8–10 Personen | Design: B-bis architecten, Antwerpen | Fertigstellung: 2015 | www.maison-b.be

La Vignarella

Mitten in den Dünen

Strahlend weiß wie eine glitzernde Perle liegt das Haus an Korsikas Nordostküste direkt hinter den Dünen – rundherum nichts als die traumhafte Dünenlandschaft, Palmen und das Meer. Im Landesinneren lockt der wegen seiner sanften Bergzüge auch „korsische Toskana" genannte Norden der Insel mit einem prachtvollen Hinterland und idyllischen Bergdörfern.

Die moderne Architektur des Hauses harmoniert perfekt mit seiner natürlichen Umgebung. Die außergewöhnliche und dabei einfache Grundform des Gebäudes mit den geraden Linien und klaren Rundungen passt sich organisch in die Landschaft ein. Unvermutete Öffnungen durchbrechen immer wieder die weißen Wände – so lässt sich das Gebäude aus ständig neuen Perspektiven entdecken, während umgekehrt der Innenraum überall durch die traumhaften Ausblicke auf das Meer oder das Landesinnere unmittelbar mit der Natur verbunden erscheint.

Der zentrale Ort des weitläufigen Grundstücks ist die große Natursteinterrasse mit altem Palmenbestand, die beinahe nahtlos in den weiten Naturstrand übergeht, begrenzt nur durch vereinzelte Pinien und skulpturale Feigenkakteen. Der helle Wohnraum öffnet sich mit einer raumbreiten Fensterfront über eine vorgelagerte überdachte Pergola auf den Vorplatz. Kleinere geschützte Sitzplätze vor den angrenzenden Zimmern bieten einen Blick über das Meer bis hin zur Insel Montecristo. Ein idyllischer Rückzugsort ist der zwischen den beiden Gebäudeteilen liegende Innenhof mit Wasserbecken. Überall zaubert das durch die Lamellen einfallende Sonnenlicht faszinierende geometrische Muster an die Wände. Die Innenausstattung ist zeitlos-elegant: Im Mittelpunkt stehen die modernen Kunstwerke an den Wänden und die großformatigen Wandteppiche in den Schlafzimmern. Farbenfrohe Wohnaccessoires harmonieren mit schlichten Möbelstücken. Große Glaswandelemente sorgen für einen offenen Übergang vom Flur zum Wohn-Ess-Bereich.

La Vignarella bietet Raum für (fast) alle Bedürfnisse: Während die offenen Bereiche zum fröhlichen Zusammensein einladen, lässt es sich in den zahlreichen Ruhezonen wunderbar alleine sein. Ob bei ausgedehnten Strandspaziergängen oder Wanderungen im Landesinneren, ob beim Lesen am Pool, beim Golfen oder Stand-up-Paddling – ein entspannter Urlaub ist garantiert. Tina Barankay

Die große Natursteinterrasse geht beinahe nahtlos in den weiten Naturstrand und die traumhafte Dünenlandschaft über.

The spacious natural stone terrace leads out to the beach and wonderful dune landscape that stretches out into the distance.

In den lichtdurchfluteten Innenräumen harmonieren moderne und farbenfrohe Kunstwerke mit schlichten Möbelstücken.

In the light-filled interiors, modern and colourful works of art are combined with simply designed items of furniture.

Amidst the dunes

Radiant white like a gleaming pearl, this house on the north-east coast of Corsica sits admidst the dunes, surrounded by nothing but the beautiful coastline, palm trees and the sea. Further inland, the region of the island known as "Corsican Tuscany", because of its gently rolling hills, awaits with magnificent scenery and gorgeous upland villages.

The modern architecture of this house harmonises perfectly with its natural surroundings – its extraordinary yet simple outlines, with straight lines and smooth curves, blend organically into the landscape. The white walls are characterised by a series of unexpected openings, allowing the building to be discovered from ever new perspectives. Meanwhile, the whole of the interior lets you enjoy wonderful views out to sea or inland, offering a direct connection with nature.

The central focus of this extensive property is the large stone terrace with its ancient palms, which merges seamlessly into the expanse of the beach, surrounded by individual pine trees and sculptural prickly pears. The bright living space has a room-width picture window opening out via a roofed pergola to the terrace. There are small, sheltered seating areas outside the adjacent rooms with views out over the sea to the island of Montecristo. Tucked away between the two wings of the building, the inner courtyard with its water feature is a wonderful hideaway. Sunlight falling through the slats of the pergola throws fascinating geometric shadows on the walls throughout the house. The interior design is pure timeless elegance – with highlights including works of modern art on the walls and large wall hangings in the bedrooms. Brightly coloured accessories harmonise with the sleek modern furniture. Large glass walls ensure an open transition from the hallway to the living and dining area.

La Vignarella offers accommodation to satisfy (almost) all needs: while the open-plan areas are perfect for larger gatherings, there are plenty of peaceful corners where you can withdraw for some quiet personal space. Whether you enjoy long walks on the beach or hiking in the countryside, reading by the pool, golfing or paddling, you will be sure to enjoy a relaxing holiday. Tina Barankay

LA VIGNARELLA | FRANKREICH | KORSIKA, TAGLIO ISOLACCIO

Ferienhaus für 10 Personen | Design: Vincent Leprince, Paris (Architektur); Eric Sanchez, Bastia (Innenarchitektur) | Fertigstellung: 2016 | www.lavignarella.com

Messerscharfe Lichtspiele

A work on a scalpel's edge

La Vignarella
Ein Fotoessay | A photo-essay

„Die Herausforderung für mich als Designer von La Vignarella bestand darin, einen stimmigen Übergang zwischen Innen und Außen zu schaffen und die sattgrün-weiche Natur, den schier endlosen Strand sowie den stilvoll gestalteten Innenbereich miteinander in Interaktion treten zu lassen.

Eine millimetergenaue Herausarbeitung des Schattenspiels der Pergolen und Holzverkleidungen setzt den Übergang zwischen Innen und Aussen eindrucksvoll in Szene.

Un travail au scalpel – Skalpellarbeit, sozusagen.“

Vincent Le Prince, Architekt

“The challenge for me as La Vignarella's architect was to create a coherent transition between inside and out, thereby allowing the lush green landscape, the endless beach and stylish interior design to interact.

The interplay between the shadows of the pergolas and timber cladding was designed with millimetre-precision to highlight the transition between interior and exterior.

Un travail au scalpel. Sharp work, one might say.”

Vincent Le Prince, Architect

Mas des Rouges Gorges

Provenzalische Weite

Ruhig steht das Mas des Rouges Gorges auf einer kleinen Lichtung inmitten uralter Eichen und umsäumt von Olivenhainen – mächtig und von selbstbewusster Eleganz, und doch im harmonischen Einklang mit der Umgebung. Das moderne Landhaus liegt am Rande von Eygalières, einem mittelalterlichen Dorf im Herzen des Regionalparks der Alpillen. Es präsentiert sich als massiver monolithischer Baukörper aus großen Steinquadern, der in ein mit Steinplatten gedecktes flaches Giebeldach übergeht. Der weiße Kalkstein lässt das Gebäude weithin leuchten.

Mit seiner Kalksteinoptik passt sich das Haus dem traditionellen Architekturstil der Region an, der aber zeitgemäß interpretiert wurde. Die massive Bauweise sorgt – zusammen mit der filigranen, überspannbaren Gartenlaube auf der Südseite – ganzjährig für ein angenehmes Klima im Haus. Gleichzeitig betonen die symmetrisch positionierten Fensteröffnungen den geradlinigen Charakter und die puristische Eleganz der Architektur.

Das Herzstück des Hauses ist der bis unter das Dach reichende Wohnraum, der sich auf der Südseite mit großen Fenstern zum Garten öffnet. An den Stirnseiten im Erdgeschoss befinden sich die großzügige Küche sowie ein Schlafzimmer. Zwei weitere Schlafzimmer im Obergeschoss sind durch eine Balustrade miteinander verbunden, deren gläserne Brüstung dem Raum Leichtigkeit verleiht. Im Inneren dominieren die Materialien Holz und Beton – eine perfekte Mischung aus Purismus und Wärme. Einzelne farbige Möbel und Wohntextilien bilden einen dezenten Kontrast. Der offene Kamin verleiht dem Wohnraum mit seiner zurückhaltenden Einfachheit einen einladenden Charakter. Die Einrichtung ist schlicht und sehr zeitgemäß, wunderbar einfach und dabei doch – oder gerade dadurch – besonders charmant.

Auf dem Grundstück sind Ruhe und Privatheit garantiert: In dem 1 Hektar großen mediterranen Park lässt es sich herrlich flanieren, entspannen und erholen. Der großzügige beheizte Pool lädt zum Ausspannen ein. Die wunderschöne Landschaft bietet sich für ausgedehnte Spaziergänge an und die unzähligen archäologischen Stätten, malerischen Dörfer sowie idyllischen Altstädte der Umgebung sind auf jeden Fall einen Besuch wert. Und wer auf der Suche nach der berühmten provenzalischen Lavendelblüte ist, findet die leuchtenden Felder nur einen Steinwurf entfernt.

Tina Barankay

Die puristische Eleganz der Architektur setzt sich auch im Innenraum fort: Der bis unter das Dach geöffnete Wohnraum weitet sich mit großen Fenstern zum Garten.

The purist elegance of the architecture continues indoors: the living space opens up to the roof and is widened further with broad windows overlooking the garden.

Im Innenraum dominieren die Materialien Holz und Beton, einzelne farbige Möbelstücke und Wohntextilien bilden einen dezenten Kontrast.

Wood and concrete dominate the interior spaces, while colourful furniture pieces and household textiles create subtle contrasts.

Wide open Provence skies

Nestled in a peaceful clearing among ancient oaks, surrounded by olive groves, the Mas des Rouges Gorges exudes a sense of strength and confident elegance, yet is in complete harmony with its surroundings. This modern country house is located on the edge of Eygalières, a medieval village at the heart of the Alpilles Regional Nature Park. Visually, it is a solid monolithic structure with a façade of large stone blocks that merges seamlessly with a shallow pitched stone slab roof. The house's white limestone walls make it appear to glow from within.

These limestone walls ensure that it blends in with the traditional architectural style of the region, while retaining its own contemporary interpretation. The solid structure, together with the filigree arbour along the south side, provides for a pleasant interior climate all year round. At the same time, the symmetrically arranged window openings emphasise the characteristic bold lines and purist elegance of the architecture.

The social heart of the house is the full-height living room with large glazed sliding doors opening out onto the garden on the south side. The spacious kitchen and one of the bedrooms are situated at each gable end of the ground floor. Two further bedrooms on the first floor are linked by a full-length landing, with a glazed balustrade bringing added lightness to the space. The interior is dominated by wood and concrete – a perfect blend of purism and warmth. Colourful furniture pieces and textiles form a subtle contrast. The open fireplace is unobtrusive yet inviting in its simplicity. The furniture is simple, with a very contemporary feel. And despite – or because of – its simplicity, the house has incredible charm.

The grounds offer peace and tranquility – covering a hectare of Mediterranean parkland – and are a wonderful place to stroll, relax and unwind. The large heated pool is a lovely place to while away the hours. The beautiful surrounding landscape is perfect for long walks, with innumerable archaeological sites, picturesque villages and idyllic old towns just waiting to be explored. And if you are looking for the legendary Provençal lavender, there are colourful fields only a stone's throw away. Tina Barankay

MAS DES ROUGES GORGES | FRANKREICH | PROVENCE, EYGALIÈRES

Ferienhaus für 6 Personen | Design: Bruno Tonfoni – atelier cité architecture, Paris | Fertigstellung: 2016 | www.urlaubsarchitektur.de

Casa Antica

Rauer Stein und glatter Stahl

Karg und urwüchsig ist die Mani, der Mittelfinger des Peloponnes im Süden Griechenlands. Schroffe Bergketten, zerklüftete Küsten, stille Bergdörfer mit Natursteinhäusern und byzantinische Kirchen prägen die Region. Von der kämpferischen Vergangenheit – den Fehden der verfeindeten Familienclans und der Verteidigung gegen Besatzer – erzählen die vielen Wohn- und Wehrtürme, die über die gesamte Halbinsel verstreut zu finden sind. Besucher sind heute jedoch herzlich willkommen und viele der leer stehenden Häuser werden zu Feriendomizilen umgebaut.

Ein gelungenes Beispiel der Umnutzung eines dieser typischen maniotischen Steinhäuser ist die Casa Antica. Das aus dem 19. Jahrhundert stammende Gebäude liegt in einer kleinen Siedlung an einem Berghang mit Blick über die Küste. Maxime der Architekten war es, die historische Bausubstanz zu erhalten und neu hinzugefügte Elemente deutlich abzuheben. Die steinerne Gebäudehülle mit den typischen kleinen Fenstern wurde restauriert und durch den Einbau einer stählernen Treppenkonstruktion in die Gegenwart transferiert. Die optisch leichte Treppe ermöglicht Durchblicke zwischen den Ebenen und steht im spannenden Kontrast zu den massiven rauen Steinwänden.

Das Haus besteht aus drei Stockwerken: Ganz oben mit Panoramaaussichten auf das Meer und die Berge liegen der Wohnraum mit altem Kamin, der Essbereich und die Küche. Auf der mittleren Ebene befindet sich das Hauptschlafzimmer. Im Erdgeschoss liegen zwei weitere Schlafräume. Einer davon hat durch die historische Rundbogendecke ganz besonderes Flair. Auch im Außenbereich kam Stahl zum Einsatz und bildet in Form von Terrasse, Brücke und Treppe eine sowohl optische wie auch physische Verbindung zwischen Innen und Außen. Von jeder Etage hat man Zugang ins Freie; die Terrassen und Innenhöfe sind zudem untereinander verbunden. Auf der mittleren Ebene liegt eine große Sonnenterrasse mit Pool, auf der man mit Blick auf die Berge herrlich entspannte Stunden verbringen kann.

Wer es aktiver mag, erkundet die Bergdörfer und die Kirchen mit den historischen Freskenmalereien. Schnell zu erreichen sind mehrere schöne Strände mit azurblauem Wasser und viele Tavernen, die maniotische Spezialitäten anbieten.

Anke Steinweg

Das Schlafzimmer mit der historischen Rundbogendecke liegt im an das Haupthaus angrenzenden Nebengebäude.

In the adjoinging annex to the main building, a bedroom featuring this historic vaulted ceiling awaits you.

Ein reizvolles Spiel der Kontraste: Die Holzbalken des Dachstuhls treffen auf massives Mauerwerk und moderne Stahlelemente.

An exciting interplay of contrasts: the old timber beams of the roof truss against the thick stone walls and modern steel elements.

Rough stone and smooth steel

The Mani peninsula of southern Greece is rugged and unspoilt. The region is known for its steep mountain ranges, deeply indented coastlines and sleepy mountain villages with natural stone houses and Byzantine churches. Periods of violence in the region's past – feuding among hostile families and fighting against occupying forces – are evidenced by the numerous fortifications scattered across the peninsula. Present-day visitors are warmly welcomed, however, and many of these buildings vacant houses have been refurbished as holiday homes.

The Casa Antica is a successful example of the conversion of a typical Maniot fortified stone house. Dating to the 19th century, the building is located in a small settlement on a hillside with views of the coast. The architects' priority was to retain the historic fabric of the building while clearly differentiating it from its new additions. The stone shell, with its small windows typical of the local style, was restored and brought into the present day with the addition of a steel staircase. The visually light, open staircase draws the eye between the levels and creates an exciting contrast to the solid rough stone walls.

The house is spread over three storeys. The top floor, with panoramic views over the sea and surrounding mountains, houses the living room with its old fireplace, the dining area and kitchen. The main bedroom is located on the middle floor, while the ground floor contains two further bedrooms, one of them with an ancient vaulted ceiling that gives it a very special character. The use of steel elements continues outside, in the form of a terrace, bridge and staircase, providing for both a visual and physical link between the interior and exterior. There is outside access on every storey, and the terraces and courtyards are interconnected. On the middle level there is a large sun terrace with a pool, the perfect place to relax and enjoy the views of the mountains.

If you prefer active holidays, the mountain villages and churches with ancient frescoes are waiting to be explored. There are many beautiful beaches with azure blue water and numerous tavernas offering Maniot specialities.
Anke Steinweg

CASA ANTICA | GRIECHENLAND | PELOPONNES, MANI, LEFKTRO

Ferienhaus für bis zu 6 Personen | Design: Nikita und Nikos Hatzimichalis, hhh architects, Athen | Fertigstellung: 2012 | www.thearchitectsvillas.gr

Hen House & Studio Fiskavaig

Mitten in wilder Natur

Die Isle of Skye im Westen Schottlands vereint alle Vorzüge der Highlands: wilde Gebirgslandschaften und sanfte Hügelketten, einsame Buchten und steile Klippen, historische Dörfer und idyllische Hafenstädte. Mitten im verwunschenen Niemandsland der „Insel des Nebels" liegen zwei kleine Holzhäuser, deren moderne Architektur und Gebäudeform den rauen Witterungsbedingungen bestens angepasst sind: Hen House und Studio Fiskavaig. Beide Häuser wurden vom Architekturbüro Rural Design Architects entworfen und sind zwei besonders schöne Beispiele für ökologisches Bauen mit einfachen Materialien.

Das liebevoll Hen House (Hühnerhaus) genannte Gebäude ist rundum mit schottischer Lärche verkleidet und steht – mit Rücksicht auf das unebene Gelände – auf kleinen Betonpfeilern. Mit seinem zur Wetterseite ausgerichteten Pultdach und der schmaleren Nordseite trotzt es den starken Winden. Das Haus empfängt seine Besucher mit einem schmalen Holzsteg, der auf die leuchtend gelb eingefasste Eingangstür zuführt. Im Erdgeschoss befinden sich neben einem Schlafzimmer die Küche und der offene Wohn-Ess-Bereich, der mit seiner raumhohen Glasfront und der vorgelagerten Holzterrasse eine wunderbare Aussicht auf Loch Bracadale bietet. Die schlichte und stilvolle Einrichtung des Häuschens, in dem bis zu vier Personen Platz finden, schafft eine ebenso moderne wie gemütliche Atmosphäre. Wände aus Grobspanplatten und die offen liegenden Deckenbalken harmonieren mit zeitlosen Ledersofas, modernen Bildern, dem farbigen Teppich sowie dem gemütlichen Holzofen, der dank der hervorragenden Dämmung sogar bei unwirtlichen Außentemperaturen das gesamte Haus bestens heizt. Über eine Treppe erreicht man die Galerie mit Doppelbett und einer kleinen Leseecke – ein großes Panoramafenster lässt viel Licht ins Innere und bietet einen traumhaften Blick auf die umliegenden Hügel.

Das nur einen Steinwurf entfernt in einer Senke mit Blick auf den See und die umliegenden Hügel gelegene Studio Fiskavaig ähnelt mit dem Pultdach seiner großen Schwester, hat aber durch die gewellte Eternitverkleidung einen eigenständigen Charakter. Das Studio wurde als Selbstbauhaus konzipiert und von den Eigentümern eigenhändig erstellt. Mit Platz für zwei Personen ist es etwas kleiner, aber nicht weniger stilvoll und einladend als das Hen House eingerichtet. Der offene Wohn-Ess-Bereich sowie das Schlafzimmer befinden sich jeweils an einem Ende des ebenerdigen Studios, dazwischen liegen die Küchenzeile und das Badezimmer. Ein Kaminofen sorgt für wohlige Wärme, wenn es draußen kalt und ungemütlich ist. Die Einrichtung ist einfach, aber liebevoll ausgesucht und hochwertig.

Beide Häuser wirken hell, geräumig und vor allem: einladend und freundlich. Darüberhinaus überzeugen sie durch ihre besonders nachhaltige Bauweise, einen geringen Energieverbrauch und den Einsatz lokaler Ressourcen. Insbesondere Naturfreunde finden hier ihr Glück, denn die wilde und dabei wunderschöne Landschaft lädt ein zu langen Spaziergängen, anspruchsvollen Wanderungen und Kletterpartien direkt vom Haus aus. Neben Anglerfreuden bieten sich zudem zahlreiche Möglichkeiten zur Vogel- und Naturbeobachtung – hier gibt es nicht nur Stein- und Seeadler, sondern auch Wale und Otter. Gelegen an einem besonders schönen Fleckchen Erde, ist dies ein wunderbarer Ort, um zu entspannen und zur Ruhe zu kommen.
Tina Barankay

Der offene Wohn-Ess-Bereich des Hen House mit seiner raumhohen Glasfront bietet eine traumhafte Aussicht auf Loch Bracadale.

The Hen House's open-plan living and dining area, with its room-height glass frontage, offers fantastic views of Loch Bracadale.

Die schlichte und stilvolle Einrichtung schafft eine ebenso moderne wie gemütliche Atmosphäre. Ein Holzofen sorgt für wohlige Wärme.

The simple, stylish decor creates a modern as well as cozy atmosphere. The wood-burning stove is sure to keep you snug and warm.

Beauty in the wild

The Isle of Skye off the west coast of Scotland brings together the best of the Highlands: wild mountains and rolling hills, secluded bays and steep cliffs, historic villages, ancient brochs and idyllic harbour towns. Off the beaten track in the heart of the enchanted "Isle of Mist" lie two small timber houses, whose modern architectural forms are perfectly adapted to the challenging weather conditions: Hen House and Studio Fiskavaig. Designed by Rural Design Architects, the two houses are particularly fine examples of ecological construction using simple materials.

The affectionately named Hen House, with walls clad in local Scottish larch, stands above the uneven ground on small concrete pillars. Its mono-pitched roof in line with the hills ensures that it stands up to all weathers. Visitors enter the house via a narrow wooden walkway leading to the bright yellow door surround.

The ground floor houses one of the bedrooms, the kitchen and the open-plan living and dining area, which has a full-height glass frontage and timber decking, providing amazing views out over Loch Bracadale. The sleek, stylish interior design of the little house, which can accommodate four people, has an atmosphere that is both modern and cosy. Walls of chipboard and exposed ceiling beams complement the timeless Robin Day leather sofas, paintings by Kate and her father David Prentice, colourful carpet, and the wood-burning stove that radiates warmth – given the outstanding insulation, this stove provides enough heat for the whole house even when outside temperatures are inhospitable. A staircase leads to the gallery and a little landing. Here another large picture window lets in plenty of light and offers wonderful views over the surrounding hills.

Das etwas kleinere Studio Fiskavaig wirkt ebenso einladend wie seine große Schwester. Die Einrichtung ist stilvoll und ausgesucht.

The slightly smaller Fiskavaig Studio is just as inviting as its larger sibling. The specially selected decor is stylish and unique.

A wonderful place to relax and unwind

Just a stone's throw away, tucked into a hollow with views of the sea and the surrounding hills, the Fiskavaig Studio echoes its big sister with its mono-pitched roof, but the fibre-concrete clad walls lend it its own distinctive character. The Studio was designed as a self-build and constructed independently by the owner. Accommodating two, it is smaller but just as beautiful and inviting as the Hen House. The open living and dining area and the bedroom are at opposite ends of the single-storey Studio, with the kitchen and bathroom in between. A stove provides cosy warmth when the weather outside is cold and hostile, and the interior is simple and carefully adorned with high-quality furniture and fittings.

Both houses are bright, spacious and, above all, inviting and friendly. On top of all this, they are sustainable constructions built using local resources, and their energy consumption is also low. Nature-lovers will be particularly at home here, in a beautiful landscape that beckons you out on long walks, challenging hikes and climbing expeditions, all from the front door. There are angling opportunities and numerous places for bird watching and nature observation – both golden eagles and sea eagles are at home here, as are whales and otters. Nestled in such a beautiful corner of the Earth, this is a wonderful place to relax and unwind. Tina Barankay

HEN HOUSE & STUDIO FISKAVAIG | GROSSBRITANNIEN, SCHOTTLAND, ISLE OF SKYE

2 Ferienhäuser für 4 und 2 Personen | Design: Rural Design Architects, Portree | Fertigstellung: Hen House 2010, Studio Fiskavaig 2016 | Hen House: www.5fiscavaig.co.uk, Studio Fiskavaig: www.fiskavaigstudio.co.uk

Bühelwirt

Tradition und Moderne weit hinten im Tal

Über den Brenner nach Brixen, von dort durch das Pustertal und dann durch die spektakuläre Bergwelt des Ahrntals mit rund 80 Dreitausendern und beeindruckenden Gletschern weiter bis nach St. Jakob: Hier – im Norden Südtirols, das geprägt ist von einem Miteinander der Kulturen – werden Traditionen bis heute gelebt. Über allem stehen eine starke Naturverbundenheit und ein ausgeprägter Sinn für Genuss.

Der traditionsreiche Bühelwirt, auf dem sogenannten Bühel direkt neben der Kirche von St. Jakob gelegen, wurde durch einen modernen, außergewöhnlichen Hoteltrakt mit Restaurant und Wellnessbereich ergänzt. Der Neubau liegt etwas unterhalb des Wirtshauses, mit dem er über einen Steg verbunden ist, und ist gleichzeitig etwas nach Norden versetzt. Die Position und die asymmetrische Gestaltung des neuen Baukörpers mit seinem hohen Satteldach machen ihn zu einem Blickfang, ohne dabei die Funktionalität und die Geltung des alten Bühelwirts zu beeinträchtigen.

Das nachhaltige Konzept des Hauses wird durch den Grundriss unterstrichen: Die Fassade nach Süden und Osten wurde maximal ausgedehnt und gleichzeitig auf der Nordseite reduziert. Die klare Form der fast schwarzen Holzfassade wird durch zahlreiche versetzte und schräg nach vorne stehende Loggien aufgebrochen. Die großen, schlichten Fensteröffnungen und kleinen Balkone sind nach Süden orientiert. Dezente ornamentale Aussparungen bilden ein stimmiges Zusammenspiel von Tradition und Design, das sich in den gemütlichen und mit hellem Holz gestalteten Zimmern fortsetzt. Die Verbindung zwischen dem Gestern und dem Heute ist in einer subtilen Ästhetik und mit einer Reduktion auf das Wesentliche umgesetzt – und dabei überaus gelungen: Die moderne Architektur steht nicht nur im Einklang mit ihrer natürlichen Umgebung, sondern auch mit dem Bestand und der Historie des Ortes.

Im Ahrntal ist es eigentlich immer schön – ob im Frühling, Sommer oder im Herbst, wenn die Berge mit ihren Blumenwiesen und kristallklaren Seen zu Wanderungen oder Mountainbike-Touren einladen. Im Winter können Langläufer die unberührte Schneelandschaft genießen, die umliegenden Skigebiete bieten familienfreundliche Abfahrten. Fern ab vom Alltag kommt man hier dem Paradies schon ziemlich nahe. Tina Barankay

Die klare Form der dunklen Holzfassade wird im Süden durch zahlreiche versetzte und schräg nach vorne stehende Loggien aufgebrochen.

The clear form of the dark wood façade is broken up on the southern side by several loggias, offset at oblique angles.

In den puristisch gehaltenen Zimmern setzt sich der stimmige Dialog von Tradition und Design fort: Regionale Materialien wie Lärchenholz und Lodenstoffe sorgen für Gemütlichkeit.

Bühelwirt's purist interiors continue the harmonious dialogue between tradition and modern design, while regional larch wood and loden material ensure the utmost comfort.

Tradition and modernity in a quiet valley

Over the Brenner Pass to Brixen, from there through the Puster Valley and on through the spectacular mountain landscape of the Ahrn Valley, with around eighty peaks over three thousand metres in height and some impressive glaciers, until you reach St. Jakob: here in the northern part of South Tyrol, a place characterised by a mingling of cultures, old traditions have been kept alive to this day. The area is proud of its strong connection to nature and its distinct joie de vivre.

The Bühelwirt hotel, located on the Bühel, or hill, adjacent to the church of St. Jakob, has been extended with a striking modern wing that includes a restaurant and wellness suite. The new building is a little below and to the north of the original inn, which is connected to it via a walkway. The new building's position and asymmetrical design with its steep double-pitched roof are eye-catching without compromising on practicality or affecting the character of the old Bühelwirt inn.

The sustainable concept of the building is reinforced by its shape, with the southern and eastern elevations covering as much surface area as possible and the north façade being smaller. The clear lines of the dark, almost black, timber façades are broken up by numerous diagonally offset loggias. Large, sleek window openings and small balconies open up towards the south. Subtle ornamental cut-outs create an atmospheric interplay between tradition and modern design, which is continued in the cosy bedrooms with their light wood decor. The connection between yesterday and today is expressed through a subtle aesthetic and a reduction to the essentials. The success of the modern architecture lies in its harmonious relationship not only with its natural environment, but also with the older buildings and history of the village.

The Ahrn Valley is beautiful all year round. In spring, summer and autumn, the mountains, with their meadows full of flowers and herbs and the crystal-clear lakes, provide an inviting backdrop for hikes and bike rides. In winter, cross-country skiers can enjoy the unspoilt snowy landscapes, while the surrounding ski areas offer family-friendly pistes. This is a place far removed from everyday life, where paradise is within easy reach. Tina Barankay

BÜHELWIRT | ITALIEN | SÜDTIROL, ST. JAKOB IM AHRNTAL

Hotel mit 20 Zimmern/Suiten im Neubau | Design: Pedevilla Architekten, Bruneck (Architektur und Innenarchitektur) | Fertigstellung: 2017 | www.buehelwirt.com

Casale di Cellole

Jenseits des Kaninchenlochs

Man muss gut aufpassen, dass man an der richtigen Eiche abbiegt, die bei der Anreise zum Casale di Cellole in etwa die Rolle innehat, die auch dem Kaninchenloch bei *Alice im Wunderland* zufällt: Den großen Baum hinter sich zurücklassend, fährt man auf einem kleinen Feldweg geradewegs in eine toskanische Fabel hinein.

Mit viel Feingefühl für leise Architektur und subtile Ästhetik haben Elisa und Angelo Sampieri das alte Landgut Casale di Cellole in eine wahre Urlaubsoase verwandelt. Auf dem weitläufigen Anwesen mit Olivenhainen, kleinen Wäldchen und blühenden Wiesen steht das große Gutshaus inmitten eines prächtigen Gartens. Die Sonne und die Bäume zaubern ein eindrucksvolles Licht-und-Schatten-Spiel auf die verwitterte Patina der Hauswände, als wollten sie die Kulisse für den *Sommernachtstraum* malen. Das Glas der großen, schlichten Fensteröffnungen fängt den blauen Himmel ein und es scheint, als wäre das Himmelsblau mitsamt den Urlaubsgästen in die Räume des alten Gutshofes eingezogen.

Drei Ferienwohnungen im Hauptgebäude und zwei frei stehende Häuschen freuen sich auf ihre Gäste. Offene, lichtdurchflutete Räume erstrecken sich über mehrere Ebenen und setzen Gegensätze so stimmig zueinander in Beziehung, dass sie zu einem harmonischen Ganzen verschmelzen, ohne dabei ihre Identität zu verlieren: antike Terrakotta-Fliesen und grober Zementboden; alte Bauernmöbel und moderne Designerlampen; heller Sichtstein und dunkler Stahl; weiß getünchte Deckenbalken und geschickt gesetzte bunte Farbakzente. Die Namen der Wohnungen – Canopy, Moon, River, Zoo, Africa – sind eine Liebeserklärung der reiselustigen Hausherren an die große weite Welt jenseits der alten Eiche.

Im von der Familie wunderschön angelegten Garten kann man sich entspannt auf Sonnenliegen räkeln oder im kleinen Pool baden. Die große Terrasse des Gutshofes ist überraschend schlicht gestaltet, und schnell versteht man, warum. Nichts soll von dem ablenken, was man von hier aus überblickt: eine Landschaft so schön, still und sanft, wie sie kein Toskana-Bildband auf seinen Hochglanzseiten einzufangen vermag. Es fällt einem nichts Besseres ein als einfach dazusitzen und glücklich zu seufzen. Hinter den Hügeln liegt ein gotischer Traum: Siena. Britta Krämer

Im lauschigen Garten des Gutshauses kann man sich entspannt auf Sonnenliegen räkeln oder ein erfrischendes Bad im Pool nehmen.

In the property's secluded garden, you can stretch out and relax on the sunbeds or take a refreshing dip in the pool.

Die Namen der Wohnungen, Canopy, Moon, River, Zoo, Africa, sind eine Liebeserklärung der reiselustigen Hausherren an die große weite Welt.

The names of each apartment – Canopy, Moon, River, Zoo, Africa – are a declaration of love to the great wide world.

Down the rabbit hole

Care has to be taken on approach to make sure you turn off at the correct oak tree – a landmark that points the way to the Casale di Cellole, like the rabbit hole led *Alice to Wonderland*. Leaving the large tree behind, you continue along a narrow track straight into a Tuscan fairytale.

Elisa and Angelo Sampieri have used plenty of fine feeling for understated architecture and subtle aesthetics to transform the old estate at Casale di Cellole into a real holiday oasis. The large house stands among magnificent gardens on the extensive estate with its olive groves, small copses of trees and flourishing meadows. The sun and trees conjure an impressive interplay of light and shade onto the weathered patina of the house's walls, as though setting the scene for a performance of *A Midsummer Night's Dream*. The glass of the large, simple window openings catches the blue sky, seeming to draw it in among the guests in the rooms of this old estate house.

Three holiday apartments in the main house and two freestanding cottages await with the warmest of welcomes. Open, light and airy rooms extend over several storeys, with contrasts so well attuned to one another that they blend into a harmonious whole, yet without losing their identity: antique terracotta tiles and rough cement floors; old farmhouse furniture and modern designer lamps; light exposed masonry walls and dark steel; white-painted beams with tastefully positioned, brightly coloured highlights. The names of the apartments – Canopy, Moon, River, Zoo, Africa – are a statement of the owners' passion for travel to the distant lands that beckon beyond the old oak.

The garden, beautifully laid out by the family, is a fabulous place to relax on the sun loungers or bathe in the little swimming pool. The large terrace is surprisingly simple in design, and you soon come to understand why. Nothing should distract from the views this place has to offer – a landscape that is so beautiful, quiet and gentle that no glossy brochures of Tuscany could adequately capture it. There is nothing better than simply sitting and sighing happily as you contemplate it. And beyond the hills is a Gothic dream: Siena. Britta Krämer

CASALE DI CELLOLE | ITALIEN | TOSKANA, SIENA

3 Ferienwohnungen und 2 Ferienhäuser für je 2–6 Personen | Design: Angelo Sampieri, Siena | Fertigstellung: 2013 | www.casaledicellole.com

Casa Piera & Casa Ola

Le Cabanon Capri

Als wäre er aus dem Felsen herausgewachsen, schmiegt sich ein schlichter weißer Baukörper aus regulären Formen an den Hang und sonnt sich – wie Brigitte Bardot auf dem Dach der Casa Malaparte – im verführerischen Schimmer des mediterranen Lichts. Sein Blick ist auf die blaue Unendlichkeit des Golfs von Neapel gerichtet. An manchen Tagen sind die weichen Umrisse von Ventotene, Ischia, Posillipo und die des Vesuvs erkennbar. Die klare Line des Horizonts spiegelt sich mannigfach in den Fluchtlinien des kleinen Baus wider, dessen Umgebung sich unweigerlich mediterran zeigt: schroffe Felsen, Pinien- und Feigenbäume, Steinmauern, Zitruspflanzen und herb duftende Macchia.

Die Casa Piera wurde vom neapolitanischen Architekten Cherubino Gambardella als private *residenza minima* konzipiert. Was auf den ersten Blick als überraschend unscheinbarer Bau daherkommt, entpuppt sich aus der Nähe als ein bis ins Detail durchkonzipiertes Mikrosommerhaus. Ein essenzielles Sonnendeck, ein Pool – auch dieser in minimalen Dimensionen – und eine schlichte Metalltreppe, die auf die geländerlose Dachterrasse führt, sind die einzigen Elemente im Freien, deren Oberflächen je nach Sonnenstand zur Projektionsfläche eines suggestiven Licht- und Schattentheaters werden.

Das Innere des kleinen Baus erweist sich als polychromes Kontrastprogramm zum schlichten Weiß der äußeren Hülle. Alle Räume sind mit bunten Keramikbruchstücken aus Vietri gefliest, strahlend weiße Wände und solche in zarten Pastelltönen wechseln einander ab und betonen die stimmig hinter- und nebeneinandergesetzten Raumeinheiten, die auf 21 Quadratmetern alle grundlegenden Urlaubsbedürfnisse bedienen: Schlafen, Körperpflege, Kochen und Wohnen. Es kommt einem unweigerlich ein Satz von Le Corbusier in den Sinn: „Ein Mann im Urlaub braucht nicht viel mehr als ein Bett, ein Bad, ein Dach über dem Kopf und den Anblick der Sonne, die sich im Meer widerspiegelt." Und so ist die Casa Piera denn auch Gambardellas in Beton gegossene Hommage an die hölzerne Urhütte des Schweizer Architekten, der in seinem bescheidenen Le Cabanon de Cap Martin an der Côte d'Azur 18 lange Sommer verbrachte.

Von der Casa Piera führt ein Fußweg zur etwas weiter unten am Hang gelegenen Casa Ola, die schon aufgrund ihrer erheblich größeren Dimensionen als Haupthaus des Anwesens erkennbar ist. Ein einziger Blick verdeutlicht, dass hier die Architektur Capris den Ton angibt: einfache Volumen, weitläufige Terrassen, luftige Vorbauten und mediterranes Weiß.

Die lange Mauer aus Sichtstein und ein schlichtes Geländer, das ihrem Verlauf folgt, definieren die Grenzen des Baus, der sich über die ganze Hangbreite erstreckt und das Meer und den Horizont zu seinen einzigen Bezugspunkten macht. Zahlreiche Balustraden und mit Schilfrohr bedeckte Pergolen aus weißem Metall geben dem Sommerhaus einen offenen, luftigen Charakter. Große, schlichte Öffnungen sitzen wie Augen in der Steinmauer und lenken das Licht wohlkalkuliert ins Innere, wodurch ein dynamisches Wechselspiel mit den polychromen Wänden, Böden und Möbelstücken entsteht.

„Wenige Gesten und eine alte Geschichte beseelen die Idee zu diesem Haus, das eine Hommage an die Sonnenseite des mediterranen Mythos ist" so Gambardella über seine Casa Ola. Vielleicht sind die beiden Sommerhäuser auf Capri die Bauten par excellence, in welchen der Architekt klarer als in anderen Projekten seine Vision des Mediterranen und der *bellezza democratica* – der demokratischen Schönheit – zum Ausdruck bringt. „Die Häuser von Capri sind eine Neuinterpretation alter Bautraditionen und stellen mit ihrer Architektur und ihrem unmissverständlichen Charakter ein lächelndes Gegenmittel gegen reizlose Landschaften und namenlose Städte dar, die ihren Zauber verloren haben."

Britta Krämer

Casa Ola: Schlichte weiße Metallbalustraden und mit Schilfrohr bedeckte Pergolen nehmen Bezug auf die luftige Architektur Capris.

Casa Ola: Simple, reed-thatched white metal framed pergolas reflect the vernacular architecture of Capri.

Die Casa Piera ist eine Hommage an Le Corbusiers Le Cabanon de Cap Martin und ruft auch den allerersten Entwurf der Casa Malaparte auf den Plan.

Casa Piera is a hommage to Le Corbusier's Le Cabanon de Cap Martin – it even draws inspiration from the Casa Malaparte's original project.

Le Cabanon Capri

A sleek, white structure with regular lines emerges from the hillside, as though grown from the rock, to bask in the sun like Brigitte Bardot on the roof of Casa Malaparte. Bathed in the shimmering Mediterranean light, it directs its gaze out over the infinite blue of the Bay of Naples, where on clear days the soft outlines of Ventotene, Ischia, Posillipo and Vesuvius can be seen. The clear line of the horizon is reflected again and again in the alignments of the little building in its unmistakably Mediterranean surroundings – steep cliffs, pines and fig trees, stone walls, citrus trees and the herb-scented macchia.

Casa Piera was designed by Neapolitan architect Cherubino Gambardella as a private *residenza minima*. The house, which at first glance looks surprisingly plain, turns out on closer inspection to be a miniature holiday home ingeniously designed down to the last detail. The obligatory sun deck, a swimming pool – itself with minimised dimensions – a simple metal staircase leading to a roof terrace without railings: these are the only open-air elements, their surfaces creating an evocative interplay of light and shadow depending on the position of the sun.

The interior of the little building is a multicoloured contrast to the plain white exterior shell. All the rooms are decorated with colourful ceramic mosaic tiles from Vietri, while gleaming white walls alternate with gentle pastel shades to emphasise the neatly arranged rooms, laid out over a floor area of 21 m^2, that provide for all your holiday essentials – sleeping, bathing, cooking and living. An observation by Le Corbusier inevitably comes to mind: “A man on holiday needs little more than a bed, a bath, a roof over his head and a view of the sun reflecting on the sea.” And Casa Piera is Gambardella’s concrete homage to the Swiss architect’s traditional timber cabin; Le Corbusier spent 18 long summers in his hideaway of Le Cabanon de Cap Martin on the Côte d’Azur.

Von der Terrasse der Casa Ola aus schweift der Blick über Capris weiße Bauten und den Golf von Neapel. Das Licht wird zur Quintessenz mediterraner Sommerfrische.

From the terrace of Casa Ola the view sweeps out across the white houses of Capri and the Gulf of Naples. The shimmering light is the essence of the Mediterranean summer.

The essence of the Mediterranean summer

A path leads from Casa Piera to Casa Ola, a little way down the slope, its considerably larger dimensions alone indicating that this is the principal house on the site. A single glance is enough to tell that it is thoroughly inspired by the architecture of Capri – simple, elementary volumes, expansive terraces, airy projecting structures and Mediterranean white.

Long walls of exposed stone with sleek railings following their lines define the limits of the building that extends along the hillside, leaving only the sea and the far horizon as reference points. Numerous balustrades and reed-thatched white metal framed pergolas give this summer home an open, airy character. Large, simple openings punctuate the stone walls like eyes, calculated to draw the light into the interior where it creates a dynamic interplay between the colourful walls, floors and furniture.

"A few gestures and an ancient history give the heart to the concept of this house, which is a homage to the sunny side of the Mediterranean mythos," Gambardella has written about his Casa Ola. Maybe these two summer homes on Capri are the ultimate buildings in which the architect has succeeded in expressing his vision of the Mediterranean and the *bellezza democratica* – democratic beauty – more clearly than in any of his other projects. "The houses on Capri are a reinterpretation of old building traditions, and, with their architecture and distinctive character, represent a smiling antidote to bland landscapes and nameless towns that have lost their magic." Britta Krämer

CASA PIERA & CASA OLA | ITALIEN | INSEL CAPRI

2 Sommerhäuser für 2–3 und 6–8 Personen | Design: Cherubino Gambardella und Simona Ottieri, Neapel | Fertigstellung: 2001 | www.urlaubsarchitektur.de

La Darbia

Stille Wasser sind tief

Inmitten der kontrastreichen Natur des Piemonts liegt still und friedlich der kleine Ortasee. Die sanfte Hügellandschaft, die ihn umgibt, ist gesprenkelt mit alten Steinhäusern und Weinberge sonnen sich in idyllischer Hanglage. Nur nach Westen hin zeigt sich das Ufer steil und schroff, denn hier beginnen bereits die Ausläufer des Monte Rosa. Der Horizont ist weit und am Morgen tauchen weiche Nebel die kleine Insel San Giulio in ein magisches Licht. Der Ortasee gilt als der romantischste See Italiens, auch wenn ihn nur die wenigsten kennen. Eine gute Fee scheint den Tarnmantel über ihn gelegt zu haben, welchen nur jene zu lüften wissen, die einen Sinn für leise Schönheiten haben.

Am östlichen Seeufer – gleich oberhalb des malerischen Städtchens Orta – liegt der kleine Weiler La Darbia inmitten eines parkähnlichen Gartens mit jahrhundertealtem Baumbestand. Noch vor wenigen Jahren lag das völlig verwilderte Grundstück mit den Ruinen einer ruralen Siedlung im Dornröschenschlaf, bis die Brüder Giancarlo und Matteo Primatesta dem Ort neues Leben einhauchten. Die alte Bausubstanz wurde behutsam in die Gegenwart herübergerettet und durch zeitgenössische Elemente aus lokalen Materialien ergänzt. Stein und Holz geben den Ton an und die Architektur zitiert den Stil der traditionellen piemontesischen Landhäuser.

Der kleine Rezeptionsturm mit seinen mächtigen Steinmauern ist Namensgeber und kommunikatives Herzstück der Anlage: Hier treffen sich Gäste und Gastgeber auf einen Plausch – und in der angrenzenden Cantina auf ein gutes Glas Wein. Die Ferienwohnungen mit privatem Garten oder Terrasse sind auf mehrere Gebäude verteilt und zeigen innen eine schlichte, leise Eleganz in gedämpften Naturtönen. Der beheizbare Infinity-Pool schmiegt sich neben den hauseigenen Nebbiolo-Weinberg und genießt das Panorama.

Man erahnt es schon, La Darbia verzaubert: die Augen, den Gaumen und den Sinn für schlichte Ästhetik und stimmige Architektur, die bescheiden genug ist, um den Blick nicht vom Wesentlichen abzulenken, von der silbrig glitzernden Oberfläche des Ortasees. Balzac nannte ihn *die graue Perle in einem grünen Schrein*. Recht hatte er: Stille Wasser sind tief.

Britta Krämer

Herzstück der Anlage und Namensgeber ist ein kleiner Turm mit mächtigen Steinmauern.

The heart of the property, as well its namesake, is the little tower with its mighty stone walls.

Die Ferienwohnungen mit privatem Garten oder Terrasse sind von schlichter, leiser Eleganz in gedämpften Naturtönen.

These holiday apartments with their own private garden or terrace evince a simple, subtle elegance in muted natural tones.

Still waters run deep

In the heart of the landscape of Piedmont, rich in contrasts, Lake Orta lies still and peaceful. The softly rolling landscape that surrounds it is scattered with old stone houses and vineyards soaking up the sun on the idyllic slopes. Only the western shore is steep and rugged, as this is where the foothills of the Monte Rosa massif begin. The horizons are wide, and in the mornings a gentle mist bathes the little island of San Giulio in a magical light. Lake Orta is considered the most romantic of the Italian lakes, and yet it seems as though a good fairy has wrapped it in a cloak of invisibility that can be lifted only by those who have a sense for gentle beauty.

On the eastern shore of the lake – just above the picturesque little town of Orta – lies the small hamlet of La Darbia, surrounded by park-like gardens with centuries-old trees. A few years ago, this place, the site of a small, ruined rural settlement, was completely overgrown and sunk in a deep enchanted sleep, until the two brothers Giancarlo and Matteo Primatesta came and breathed new life into it. The old structures were carefully preserved and brought into the present day, and extended with contemporary elements of local materials. Stone and timber set the scene and the architecture is inspired by the style of traditional Piedmont country houses.

The small reception tower with its sturdy stone walls is the landmark and social heart of the development: this is where guests and hosts come together for a chat over a good glass of wine from the adjacent wine cellar. The holiday apartments with private gardens or terraces are spread out over several buildings and have interiors characterised by a sleek, understated elegance in muted natural shades. The heated infinity pool looks out over the owners' own Nebbiolo vineyards and the panorama beyond.

You can sense it already – La Darbia is a magical place, a delight for the eyes, the palate and that indefinable sense for simple aesthetics and atmospheric architecture – the kind that is unassuming enough to ensure that it does not distract from the essential aspect: the glittering silvery surface of Lake Orta. Balzac called it *a grey pearl in a green casket*. And he was right: still waters run deep.
Britta Krämer

LA DARBIA | ITALIEN | PIEMONT, ORTA

20 Ferienwohnungen für je 2–4 Personen | Design: Studio Primatesta, Armeno | Fertigstellung: 2012 | www.ladarbia.com

Maremma House

Horizontale Metaphern

Die Maremma – der wilde Süden der Toskana – hat bis heute ihre Ursprünglichkeit bewahrt. Wo einst Sumpfgebiete die Küste säumten und Piraten ihr Unwesen trieben, liegen heute Hafenstädtchen in malerischen Buchten oder an schier endlosen Sandstränden und blicken auf das tyrrhenische Meer. Die Landschaft ist geprägt von duftenden Pinienwäldern, dampfenden Thermalquellen und artenreichen Naturparks. Im Hinterland thronen Etruskerdörfer auf imposanten Felsplateaus aus vulkanischem Tuffstein und verzaubern ihre Besucher mit ihrer rätselhaften, fast mystischen Atmosphäre.

Unweit des Örtchens Pereta liegt inmitten der freien Landschaft ein hochmoderner Bau. Dieser steht jedoch keineswegs im Kontrast zur umliegenden Natur, vielmehr verschmilzt er mit ihr und es hat den Anschein, als wüchse das Untergeschoss aus dem Hang heraus. Die Architekten Andrea und Luca Ponsi haben mit dem Maremma House ihre persönliche Affinität zum Meer, zum Element des Wassers und zur mediterranen Welt zum Ausdruck gebracht. Horizontalität beherrscht die Struktur und nimmt alle waagerechten Linien der Umgebung auf, die Weideland, Hügelkuppen, Weinberge und das Meer wie in einer abstrahierten Landschaftsvedute widergeben.

Die horizontale Dreiteilung des Baus symbolisiert verschiedene Bedeutungsebenen und wird durch die Verwendung unterschiedlicher Materialien unterstrichen. Die helle Tuffsteinfassade des unteren Geschosses zitiert die jahrhundertealte lokale Bauweise mit vulkanischem Gestein. Das weiß verputzte Hauptgeschoss geht im Außenbereich fast nahtlos in eine luftige Loggia und einen großen Pool über und zeigt unmissverständlich seinen mediterranen Charakter. Im holzverkleideten Obergeschoss thront der Masterbedroom wie die Kajüte eines Schiffskapitäns: Von hier aus sieht man das Meer und an klaren Tagen die tyrrhenischen Inseln.

Der nautische Charakter des Hauses ist mehr eine subjektive Empfindung als ein thematisches Konzept, doch je genauer man hinschaut, umso klarer wird er wahrnehmbar: die stählerne Außentreppe und die deckähnliche Terrasse, die Holzvertäfelungen im loftartigen Wohnraum, der Einsatz von Messing und Kupfer. Und so liegt das Maremma House wie ein gestrandetes Schiff zwischen Weinbergen und Olivenhainen, den Blick stetig dorthin gerichtet, wo die Idee des Hauses verankert ist: Richtung Meer.

Britta Krämer

Der nautische Charakter des Hauses ist mehr eine subjektive Empfindung als ein thematisches Konzept, doch je genauer man hinschaut, umso klarer wird er wahrnehmbar.

The nautical character of the house is more a subjective feeling than a thematic concept. And yet the closer you look, the clearer it becomes.

Horizontalität beherrscht die Struktur und nimmt alle waagerechten Linien der Umgebung auf. Die Fensteröffnungen setzen die Landschaft wie Wandgemälde in Szene.

Horizontal planes dominate the structure and mirror the horizontal lines of the surrounding landscape. The window openings reveal the outdoors like wall paintings.

Horizontal metaphors

The Maremma, a wild region in southern Tuscany, has retained its original character to this day. Where once marshlands lined the coast and pirates wrought havoc, now little harbour towns lie on picturesque bays or border endlessly long beaches, looking out over the Tyrrhenian Sea. The landscape is characterised by pine-scented forests, steaming hot springs and nature parks that are a haven of diversity. Inland, Etruscan villages majestically overlook imposing rocky plateaus of volcanic tuff, enchanting visitors with their mysterious, almost mystical atmosphere.

Not far from the little village of Pereta, an ultramodern building lies amidst wide open scenery. It does not contrast with the natural world around it, but rather blends into it, looking for all the world as if the lower floor has grown out of the hillside. With the Maremma House, the architects Andrea Ponsi and Luca Ponsi have freely expressed their personal affinity with the sea, the element of water and the Mediterranean world. Horizontal lines dominate the structure, reproducing the various planes of the natural surroundings – the heathland, hilltops, vineyards and sea – like an abstract landscape painting.

The horizontal division of the building into three, emphasised by the use of different materials, symbolises various levels of meaning. The light tuff façade of the lower floor is a reference to the centuries-old local building methods using volcanic rock. The exterior of the white-rendered main floor flows almost seamlessly into an airy loggia with a large swimming pool, a distinctive expression of its Mediterranean character. The timber-clad top floor houses the imposing master bedroom, majestic as a sea captain's cabin, with its views out to sea and, on clear days, the Tyrrhenian islands.

The nautical character of the house is more a subjective feeling than a thematic concept, but the more closely you look, the clearer it becomes: the steel outside staircase and the deck-like terrace, the timber panelling in the lofty living room, the use of brass and copper. The Maremma House lies like a stranded ship between vineyards and olive groves, constantly gazing out to where the spirit of the house is anchored: the sea Britta Krämer

MAREMMA HOUSE | ITALIEN | TOSKANA, MAGLIANO

Ferienhaus für 6 und 2 Personen | Design: Andrea und Luca Ponsi – Studio Ponsi, Florenz | Fertigstellung: 2015 | www.maremma.house

Villa Capri

Mediterraner Mythos

Auf einem weitläufigen Hanggrundstück bei Itri im südlichen Latium thront ein akropolisch anmutender weißer Bau inmitten der duftenden Macchia und überblickt den Golf von Sperlonga und Gaeta: die Villa Capri. Die architektonische Handschrift ist unverkennbar jene des neapolitanischen Architekten und Architekturtheoretikers Cherubino Gambardella.

Der Bau ist bereits das zweite Projekt in Itri, bei welchem eine verlassene, nie fertiggestellte Betonkonstruktion der Ausgangspunkt des architektonischen Prozesses war. Für Gambardella und seine Frau und Schaffenskollegin Simona Ottieri birgt das Unfertige dieser Betonskelette ein immenses Potenzial: Es stellt die Blaupause für eine völlig neue Existenz dar, die es zu imaginieren und in Körperlichkeit zu übersetzen gilt. Das Unfertige ist ein *spazio in attesa*, ein Raum in Erwartungshaltung, in dem alles möglich werden kann: eine Metamorphose, eine Wiedergeburt, die Fortsetzung einer Erzählung. Der Architekt, leidenschaftlicher Verfechter einer demokratischen Schönheit, liebt Elemente, die das nicht Perfekte, das nicht Präzise symbolisieren: gewollte Dissonanzen, eine kontrolliert falsche Grammatik und auch eine gute Portion Ironie.

Die kompositorische Synthese fast banaler Elemente – Säulen, Fenster, Geländer – verleiht der Villa eine elegante und dennoch leicht zugängliche Wirkung. Die Fassade setzt die stark betonten polychromen Fensterrahmungen spielerisch in Szene und bricht so die Schlichtheit des elementaren Baukörpers auf. Dasselbe passiert im Innenbereich, dessen Raumaufteilung durch die Struktur des Betonskeletts bestimmt ist: Öffnungen geben den Innenwänden ein Gesicht und schaffen eine Kontinuität der Räume. Die luftigen Vorbauten und Überdachungen aus Schilfrohr multiplizieren die Räume des Hauses und führen sie im Außenbereich fort.

Der Charakter des Mediterranen durchströmt die Villa Capri in all seinen Formen, Farben und Kontrasten. Die weiße Oberfläche wird zur Projektionsfläche für Licht- und Schattenspiele, die eine unerwartete Dynamik entwickeln. Das Haus ist ein Spiegel territorialer Identität, eine Hommage an die Architektur Capris, an Palladio, Giò Ponti, Sottsass und an die Anmut und Harmonie des *mediterraneo imperfetto*.

Britta Krämer

Architekturelemente, Himmel, Wasser und das mediterrrane Licht zaubern ein geometrisches Formspiel. Der Pool findet sein Pendant in der endlosen Weite des Meeres.

Architectural elements, sky, water and Mediterranean light conjure an interplay of geometric shapes, colours and shades. The pool seems to touch the surface of the endless ocean that stretches out to the horizon.

Die Strenge der Architektur und die Dominanz des mediterranen Weiß werden aufgelockert durch die starken Farbakzente einzelner Wände und Einrichtungselemente.

Striking colour accents on individual walls and playful design elements break up the austere structure of the architecture and overall dominance of Mediterranean white.

Mediterranean mythos

In an imposing position on a wide-open hillside near Itri in southern Lazio, a white Acropolis-like building stands amidst the herb-scented macchia, overlooking the bay of Sperlonga and the city of Gaeta: the Villa Capri. Its architectural signature is unmistakably that of Neapolitan architect and architectural theorist Cherubino Gambardella.

The building is his second project in Itri that takes as its starting point an incomplete, abandoned concrete structure. For Gambardella, together with his wife and creative partner Simona Ottieri, the incomplete concrete skeleton conceals an immense potential, the blueprint for a completely new existence, which only needs to be imagined and made real. The unfinished is a *spazio in attesa*, a space in waiting, in which anything is possible – a metamorphosis, a rebirth, the continuation of a story. The architect, a passionate champion of democratic beauty, loves elements that symbolise the imperfect, the imprecise: intentional dissonance, deliberate grammatical errors and a healthy dose of irony.

The compositional synthesis of almost banal elements – columns, windows, plain railings – give the villa an elegant yet easily accessible appeal. The façade is playfully designed with strongly defined multi-coloured window surrounds that break up the simplicity of the elemental shell of the building. The same happens indoors, where the room divisions are determined by the structure of the concrete skeleton. Openings lend character to the interior walls and create continuity between the rooms. The airy external structures and covered areas topped with reed thatch extend the space offered by the house and bring the inside out.

The character of the Mediterranean permeates the Villa Capri in all its forms, colours and contrasts. The white surface is like a projection screen for the interplay of light and shade, constantly producing unexpected dynamics. The house is a reflection of territorial identity, a homage to the architecture of Capri, to Palladio, Giò Ponti, Sottsass and to the courage and harmony of the *mediterraneo imperfetto*.

Britta Krämer

VILLA CAPRI | ITALIEN | LATIUM, ITRI

Ferienhaus für bis zu 12 Personen | Design: Cherubino Gambardella und Simona Otieri, Neapel (Architektur); Ohnes und Schwahn, München (Landschaftsarchitektur) | Fertigstellung: 2017 | www.villacapri-experience.com

Villa Vendicari

Runde Formen und lichte Weite

Am südlichsten Punkt der sizilianischen Ostküste – zwischen der Barockstadt Noto und dem malerischen Marzamemi – liegt das Naturreservat Vendicari mit seinem kontrastreichen Landschaftsbild aus Lagunen, Dünen, felsigen Küstenzügen und feinen Sandstränden. Es duftet nach wildem Thymian, Rosmarin und Ginster und unzählige seltene Vogelarten haben hier ihre Oase gefunden. Das Wasser ist kristallklar und die Strände innerhalb des Naturparks gehören mit zu den schönsten und einsamsten der Insel. Im Spätsommer stolzieren Hunderte Flamingos durch die Lagune und zaubern ein wahres Farbspektakel in die Landschaft.

Mitten in diesem Naturparadies liegt die Villa Vendicari, umgeben von einem mediterranen Garten mit Orangenbäumen, wilden Kräutern und Agaven. Alles an diesem Haus ist irgendwie rund und geschwungen. Der offene Wohn-, Ess- und Kochbereich, die vier Schlafzimmer sowie die kleine Dependance verteilen sich auf drei nebeneinanderliegende Bauten: Ihr Umriss – unregelmäßige Polygone zusammen mit den gekurvten Ecken und der leichten Inklination der Außenwände – gibt dem Ensemble eine organische Form, die sich harmonisch in die Landschaft eingliedert. Die Pergola aus Schilfrohr wurde um den knorrigen alten Olivenbaum herumgebaut, der dankbar großzügig Schatten spendet.

Im Inneren dominieren weiß verputze Wände und Böden. Hier kommt ein ganzes Register an Sinneseindrücken zum Zuge: Haptik, Licht, Schatten und das Gefühl von Geborgenheit in den höhlenartigen Räumen, die dank der vielen Fensteröffnungen und Oberlichter dennoch lichte Weite vermitteln. Von der Dachterrasse aus kann man beobachten, wie die Abendsonne Himmel, Erde und Meer in ein magisches Licht taucht.

Die Architektur der Villa macht es den Sizilianern nach und besinnt sich auf das Wesentliche: die Natur, die rurale Tradition und die ursprünglichen Kulturen der mediterranen Welt. Die Villa Vendicari führt ihre Bewohner durch die jahrtausendalte Geschichte der Insel, zitiert arabische und normannische Einflüsse und die Architektur der traditionellen Thunfischfangstellen, die sich dem Wind und der Gischt des Meeres furchtlos entgegenstellen. Die *tonnara* von Marzamemi liegt nur wenige Kilometer vom Haus entfernt und ist einer jener Orte, an die man unwiderruflich sein Herz verliert. Britta Krämer

Das Haus wirkt wie vom Wind gestaltet und schmiegt sich mit seiner organischen Form harmonisch in die Vegetation des mediterranen Gartens.

The house looks as though it has been sculpted by the wind and its organic presence blends in amongst the lush vegetation of the Mediterranean garden.

Im Inneren kommt ein ganzes Register an Sinneseindrücken zum Zuge: Haptik, Licht, Schatten und das Gefühl von Geborgenheit in den höhlenartigen Räumen.

The interiors set the backdrop for a whole range of sensory impressions: textures, light and shade, and a feeling of cosy security in its almost cave-like rooms.

Rounded forms and bright expanses

The Vendicari nature reserve, with its contrasting landscape of lagoons, dunes, rocky promontories and fine sandy beaches, lies on the most southerly point of Sicily's east coast between the Baroque town of Noto and the picturesque Marzamemi. The air is scented with wild thyme, rosemary and gorse, and innumerable breeds of rare birds have found an oasis here. The water is crystal clear and the beaches are among the most serene and beautiful on the island. In late summer, hundreds of flamingos strut through the lagoons, conjuring a truly wonderful spectacle of colour against the landscape.

In the heart of this natural paradise is the Villa Vendicari, surrounded by a Mediterranean garden of orange trees, wild herbs and agaves. Everything about the house is somehow rounded and curved. The open-plan living, dining and kitchen area, the 4 bedrooms and the little annex are distributed across three adjacent buildings. Their footprints – irregular polygons – together with their curved corners and gently sloping exterior walls give the whole complex an organic feel that blends in harmoniously with the surrounding landscape. The reed-thatched pergola was constructed around a gnarled old olive tree, which provides additional welcome shade.

The interior, characterised by white walls and floors, forms the backdrop for a whole range of sensory impressions: textures, light and shade, and a feeling of cosy security in rooms that are cave-like, yet with generous window openings and roof lights that ensure a bright, airy feel. The roof terrace is the perfect place to watch the evening sun bathing the sky, earth and sea in a magical light.

The architecture of the villa reflects the Sicilian style, with the emphasis on certain essential aspects: nature, rural traditions and the ancient cultures of the Mediterranean world. Villa Vendicari guides its occupants through the centuries-old history of the island, reflecting Arab and Norman influences and the architecture of the traditional tuna fishing ports that have stood fearlessly against the wind and waves for centuries. One of these, the *tonnara* at Marzamemi, is only a few kilometres from the house and is one of those places that will steal your heart forever.

Britta Krämer

VILLA VENDICARI | ITALIEN, NOTO

Ferienhaus mit Dependance für 8 und 2 Personen | Design: Mario Cutuli, Catania | Fertigstellung: 2014 | www.villavendicari.de

AQUILES
eco-hotel

Aquiles Eco Hotel

Rohe Architektur vor archaischer Kulisse

1456 stießen portugiesische Seefahrer rein zufällig auf einen pfeilförmigen Archipel inmitten der schier endlosen Weite des Atlantischen Ozeans: Kap Verde, eine Gruppe von elf Inseln, auf halber Strecke zwischen Afrika und Brasilien, waren vor ihrer *descoberta* völlig unbesiedelt. Die Natur ist hier nicht gerade zimperlich: Das trockene, tropische Klima und die starken Aliseo-Winde bedingen, dass Stein, Sand und Wasser die einzigen wertvollen Ressourcen sind.

Die quirlige Stadt Mindelo auf der Insel São Vicente ist die kulturelle Hauptstadt der Republik Kap Verde. Umringt von einer kargen und beeindruckend wilden Berglandschaft schmiegt sich der Ort rund um eine malerische Bucht. Nur 7 Kilometer von der pulsierenden Hafenstadt entfernt, liegt der kleine Fischerort São Pedro mit seinem spektakulären, schier endlosen Sandstrand, eingerahmt vom tiefblauen Meer, vulkanischen Bergen und hellen Dünen.

Vor dieser archaischen Kulisse haben Eloisa Ramos und Moreno Castellano das erste nachhaltige Gebäude der Kapverden geschaffen. Die Struktur integriert sich stimmig in den architektonischen Kontext von São Pedro. Mit souveränem Understatement steht das Aquiles Eco Hotel nur wenige Meter vom Strand entfernt und tut es seinen Nachbarn gleich: Nach hinten öffnet es sich zum Hauptplatz und nimmt am quirligen Leben des kleinen Fischerortes teil; nach vorne hin wird es still, blickt andächtig auf den weiten Ozean und fügt sich dem Rhythmus der Gezeiten.

Die Architektur ist schlicht, roh und hochflexibel. 13 Holzcontainer aus zertifiziertem Nutzholz wurden in einem Skelett aus Sichtbeton platziert und weiß gekalkt. Im lichten Inneren der 13 boxartigen Zimmer dominieren spartanische Möbelstücke aus recyceltem Holz und wenige sorgfältig platzierte visuelle Elemente wie die großformatigen Kunstwerke von Moreno Castellano. Die großen Fensterfronten rahmen Szenen des Insellebens wie Gemälde ein und holen die karge, kraftvolle Landschaft nach innen.

Die weltoffene Atmosphäre, die im Haus herrscht, macht das Aquiles zu einem Ort der kulturellen Begegnung, der Gäste und Dorfbewohner auf einzigartige Weise miteinander in Beziehung setzt und sie mit der Essenz von São Vicente durchdringt. Britta Krämer

Architektur und Kunst gehen Hand in Hand: Die großformatigen Gemälde von Moreno Castellano werden in den essenziell gestalteten Räumen des Hotels perfekt in Szene gesetzt.

Architecture and art go hand in hand. The restrained interior design of the rooms is a perfect setting for large paintings by Moreno Castellano.

Das Aquiles Eco Hotel: ein authentischer Ort mit starkem Charakter, dessen Wurzeln im Herzen der Insel liegen und der sich gleichzeitig der Welt öffnet.

The Aquiles Eco Hotel exudes an authenticity and character whose roots go right to the heart of the island yet simultaneously open out to the world.

Raw architecture against an archaic backdrop

In 1456, Portuguese explorers accidentally came across an arrow-shaped archipelago in the middle of the seemingly endless expanse of the Atlantic Ocean: Cape Verde is a group of 11 islands, lying part way between Africa and Brazil, which were completely uninhabited until their discovery by the Portuguese. The natural environment is not entirely benevolent here, since the dry, tropical climate and strong Aliseo winds mean that rock, sand and water are the only valuable resources.

The lively city of Mindelo on the island of São Vicente is the cultural capital of Cape Verde. The town nestles around a picturesque bay, ringed by a bare, impressively wild mountain landscape. Just 7 km from the beating heart of the port city is the little fishing village of São Pedro with its spectacular, apparently endless sandy beach framed by the deep blue sea, volcanic mountains and glowing dunes.

It is against this elemental backdrop that Eloisa Ramos and Moreno Castellano have created the first sustainable building on the Cape Verde archipelago. The Aquiles Eco Hotel is in harmony with the architectural context of São Pedro, set back with an understated self-assuredness just a few metres from the beach, where it fits in well with its neighbours. To the rear it opens out onto the main square and plays its part in the exuberant life of the fishing village; to the front it is quiet and calm, looking thoughtfully out over the ocean and beating to the rhythm of the tides.

The architecture is simple, basic and very flexible. Thirteen wooden containers of certified timber have been positioned in a white-painted fair-faced concrete framework. The thirteen box-like rooms in the bright interior are dominated by spartan furniture made from recycled timber and enhanced by a selection of carefully positioned visual elements, including works of art created by Moreno Castellano. The large glazed frontages frame scenes from island life like paintings, drawing the powerful rugged landscape inside.

The cosmopolitan atmosphere that predominates in the hotel makes the Aquiles a place for cultural encounters, giving guests and local people a unique opportunity to meet and interact, immersed in the essence of São Vicente.
Britta Krämer

AQUILES ECO HOTEL | KAP VERDE | SÃO VICENTE, SÃO PEDRO

Hotel mit 13 Zimmern | Design: Ramos Castellano arquitectos, Mindelo | Fertigstellung: 2015 | www.aquilesecohotel.com

Hemelzicht – GetAway Deluxe

Großes Urlaubsglück in der kleinen Hütte

Innovative Wohnkonzepte sind das Spezialgebiet von Paulien van Noort und Arno Schuurs. Das niederländische Paar hat jahrelang mit seinen zwei Kindern auf einem Boot gelebt, das sie mit dem Industriedesigner Huibert Groenendijk entworfen haben. Die Yacht mit dem Namen Qrooz wurde 2007 mit dem Dutch Design Award ausgezeichnet. Ihr neuestes Projekt ist die Entwicklung eines kleinen Hauses, das als Ferienhaus, Wohnhaus oder Büro genutzt werden kann.

Der Prototyp steht am Rande eines Waldes in einem ehemaligen Jagdgebiet in der Provinz Overijsel. Das Holzhaus wurde vorgefertigt in zwei Teilen zu seinem Standort transportiert und dort auf Schraubfundamenten befestigt. Was von außen als kleine, einfache Hütte daherkommt, entpuppt sich im Inneren als überraschend komfortable Unterkunft. Verzichtet werden muss hier auf nichts! Die Betten sind breit und besonders lang, im Badezimmer gibt es eine Regendusche, die Küche ist bestens ausgestattet und ein Kaminofen sorgt für ein Extra an Gemütlichkeit. Dass das Haus trotz der geringen Wohnfläche von 42 Quadratmetern nicht beengt wirkt, liegt an den großen Fenstern, die die Grenzen zwischen Innen und Außen optisch auflösen. Der Blick geht in die weite Landschaft, auf Felder und Wiesen. Da das Haus auf einem weitläufigen Privatgrundstück liegt, braucht man auch keine ungebetenen Zuschauer zu fürchten – nur die Pferde auf der angrenzenden Koppel werfen mal einen Blick herüber.

Die Inneneinrichtung nutzt jeden Zentimeter optimal – hier ist die Bootsbauerfahrung der Besitzer erkennbar: Das Sofa ist in den abgesenkten Wohnbereich integriert, die Stufe dient als zusätzliche Sitzgelegenheit. Die u-förmige Eckbank am Essplatz ist maßgefertigt. Einbauschränke bieten Stauraum und verleihen dem Raum durch ihre Schwärze Tiefe. Eines der beiden Schlafzimmer erreicht man über eine Sprossenleiter und eine über einen Seilzug zu öffnende Luke. Dieser Vogelnest genannte Raum ist auf drei Seiten von Fenstern umgeben und hat Himmelssicht: Durch eine Dachluke kann man vom Bett in den Sternenhimmel gucken.

In der Umgebung kann man allerhand unternehmen: Der Nationalpark Sallandse Heuvelrug mit vielen Wander- und Fahrradwegen ist mit dem Auto in 15 Minuten erreichbar. Und die historischen Städte Deventer, Zutphen und Lochem oder die Hansestadt Zwolle sind auch nicht weit entfernt.

Anke Steinweg

Die Leiter zum Schlafzimmer verbirgt sich geschickt im Regal.

The ladder to the bedroom blends in beautifully with the shelves.

THE SEA

Überall sind Fenster, die den Raum zur Landschaft öffnen und größer erscheinen lassen.

Windows everywhere you turn, which open the space out to the surrounding landscape.

Small cabin, great holidays

Paulien van Noort and Arno Schuurs specialise in innovative designs for living. The Dutch couple have lived for many years with their two children on the "Qrooz", a yacht they designed together with the Industrial Designer Huibert Groenendijk. The Qrooz won the Dutch Design Award in 2007. Their latest project is the development of a small building that can be used as a holiday home, permanent home or office.

The prototype is located on the edge of a hunting forest in the Dutch province of Overijssel. The timber chalet was prefabricated in two parts, then transported to its location, where it was fixed to screw foundations. What looks on the outside like a small, simple cabin turns out to offer surprisingly comfortable accommodation, complete with everything you could wish for! The beds are wide and extra-long, the bathroom has a rain shower, the kitchen is equipped to an excellent standard and a wood-burning stove ensures a pleasantly cosy atmosphere. The cabin does not feel cramped despite its compact living space – only 42 m^2 – thanks to its large windows that blur the visual boundaries between outside and in. The views extend out into the landscape, over fields and meadows. Its location on an extensive private plot makes the cabin completely private, with no fear of prying eyes – except for the occasional glance from the horses in the neighbouring paddock.

The interior design uses every centimetre to the full – testimony to the owners' experience of living on a boat. The sofa is an integral part of the sunken living area, with the steps providing additional seating, and the u-shaped seating around the dining table is tailor-made for the space. Built-in cupboards provide plenty of storage, their black colour giving additional depth. One of the two bedrooms is accessed via a ladder and a rope-and-pulley operated hatch. This room, known as the bird's nest, has windows on three sides and a heavenly outlook – lying in bed, you can look out at the stars though a skylight.

There are all kinds of things to do in the surrounding area – the Sallandse Heuvelrug National Park with a wide network of walking trails and cycle tracks is just a 15 minute drive away, while the historic towns of Deventer, Zutphen and Lochem, and the Hanseatic city of Zwolle are also within easy reach. Anke Steinweg

HEMELZICHT – GETAWAY DELUXE | NIEDERLANDE | OVERIJSSEL, LETTELE

Ferienhaus für bis zu 4 Personen | Design: Arno Schuurs, Paulien van Noort, Qoncepts BV, Diepenveen | Fertigstellung: 2016 | www.getawaydeluxe.com

Laudinella

Schlichte Geradlinigkeit

In der Abgeschiedenheit des Paznauntals, inmitten der blühenden Berglandschaft, liegt eingebettet in den Urlaubsort See im Paznaun das moderne Apartmenthaus Laudinella. Als zeitgemäße Interpretation des traditionellen Tiroler Baustils bildet das Haus mit seiner klaren Form und kompromisslosen Schlichtheit einen spannungsreichen, aber wunderbar gelungenen Gegenpol zur opulenten Bergwelt.

Modern, aber nicht neumodisch sollte die Unterkunft werden – entstanden ist ein Haus, das sich von den umstehenden Bauernhäusern abhebt, mit ihnen aber dennoch in einzelnen Elementen stilistisch verbunden bleibt. Von außen überwiegt – bis auf die Dächer, die sich in ihrer Form an die regionale Bauweise anlehnen – das geradlinige, fast strenge Erscheinungsbild. Durch das helle Grau mit den asymmetrischen weißen Einfassungen um die großen Fensteröffnungen sowie durch den gläsernen Verbindungsbau zwischen den Häusern wirkt das Ensemble hell und freundlich.

Sämtliche Wohnräume der drei nachhaltig gebauten und liebevoll gestalteten Ferienwohnungen öffnen sich nach Süden und bieten einen traumhaften Blick in die Natur. Die Innenräume sind schlicht gestaltet, wobei man sich durch die im hauseigenen Betrieb verarbeiteten Fichten- und Eichenhölzer fast wie in einer Berghütte fühlt. Besonders gemütlich ist das ausgebaute Dachgeschoss, das sich über eine offene Treppe vom Wohnraum aus erschließt. Überall treffen zeitlose Einbauschränke auf Möbel im traditionellen Stil, wenige ausgesuchte Stücke setzen farbige Akzente.

Die Wohnräume der im Erdgeschoss liegenden Wohnung weiten sich über eine Holzterrasse zum Garten hin. Ein sich in das Gelände einschmiegender Sitzplatz kann von allen Gästen genutzt werden. Auch im Garten findet sich die Einfachheit wieder – beinahe erinnert er mit verstreut platzierten Findlingen und der sparsamen Bepflanzung an einen japanischen Steingarten. Ohne Begrenzung öffnet er sich auf die umliegenden Wiesen – diese Unbegrenztheit verleiht Laudinella bei aller Heimeligkeit eine angenehme Weite und Ungebundenheit.

Ein Paradies für Wander- und Badefreunde, Mountainbiker und Skibegeisterte: Direkt vom Haus aus kann man zu den schönsten Touren aufbrechen und ist im Winter nur wenige Schritte von der Bergbahn entfernt.
Tina Barankay

Hell und freundlich wirkt das Laudinella und bildet mit seiner Geradlinigkeit einen gelungenen Gegenpool zur opulenten Bergwelt.

The Laudinella is light and friendly, and its simple linear design is a delightful counterpoint to the spectacular mountain landscape.

Die Ferienwohnungen sind schlicht gestaltet – und doch vermitteln die Fichten- und Eichenhölzer die Gemütlichkeit einer Berghütte.

The apartments follow a simple, restrained design – but their use of spruce and oak woods create the comfortable ambience of a mountain hut.

Sleek lines and mountain views

Off the beaten track, among the verdant mountains of the Paznaun valley in Tyrol, Austria, you will find Laudinella, an apartment house near the village of See. A contemporary interpretation of the traditional Tyrolean building style, this house with its clear lines and uncompromising simplicity stands as an exciting, wonderfully effective contrast to the lush mountain scenery.

The accommodation is designed to be modern yet unaffected by fleeting fashion trends, giving rise to a house that distinguishes itself from the surrounding buildings while retaining elements that are stylistically linked to them. Apart from the roofs, which adhere to the regional architectural style, the external character is predominantly determined by straight lines and an almost austere appearance. The light grey walls with white surrounds defining the large, asymmetrically aligned windows, and the glazed connecting zone between the twin houses, give the whole a bright, welcoming appearance.

All the living areas of the three sustainably built and carefully designed holiday apartments are south-facing with wonderful views over the surrounding natural scenery. The interior design of the owner-operated apartments focuses on simplicity, with plenty of spruce and oak features creating the feel of a mountain hut. The top floor, reached by an open staircase from the living room, is especially cosy. Throughout the property, timeless built-in-cupboards sit side by side with furniture in the traditional style, with a selection of designer pieces as highlights.

The living space of the ground-floor apartment extends out to the garden via timber decking. There is another seating area, nestled into the folds of the landscape, that can also be enjoyed by all guests. The simplicity of design can also be seen in the garden, which is scattered with found objects and planted sparingly to resemble a Japanese rock garden. It has no borders, but merges into the surrounding meadows – an openness that adds a pleasant air of space and freedom to Laudinella's cosy welcome.

The area is a paradise for hiking, bathing, mountain biking and skiing enthusiasts – you can embark on many beautiful excursions from just outside the front door, and a ski lift is only a few steps away. Tina Barankay

LAUDINELLA | ÖSTERREICH | TIROL, ISCHGL-PAZNAUN, SEE

3 Wohnungen für 4 oder 6 Personen | Design: Betina Hanel, Innsbruck | Fertigstellung: 2013 | www.laudinella.see.at

49
20-DE-44

Casa da Lila

Hinter alter Fassade

Die Mission des holländisch-portugiesischen Architekturbüros studio arte ist es, Umgebungen zu schaffen, die überraschen und Erwartungen übertreffen. Das ist mit der Casa da Lila vortrefflich gelungen. Das im historischen Teil des portugiesischen Städtchen Silves gelegene Haus verblüfft in mehrfacher Hinsicht: Hinter seiner bescheidenen, traditionellen Fassade verbergen sich zeitgenössische Architektur und ein exquisites Interieur. Außerdem entpuppt sich das von der Straße aus klein und einstöckig wirkende Haus als ein Raumwunder, das sich über drei Ebenen erstreckt und weite Aussichten über die Stadt und die umliegenden Hügel bietet.

Das aus den 1950er Jahren stammende, verfallene Stadthaus wurde fast vollständig neu aufgebaut. Aufgrund der Denkmalschutzbestimmungen blieb die nördliche, straßenseitige Fassade in ihrer traditionellen Form erhalten. Auf der südlichen Seite, zum Garten hin, zeigt das Haus ein modernes Gesicht mit geradlinigen Formen, großen Fensterfronten und Terrassen auf allen drei Ebenen. Die Architekten haben miteinander verbundene Räume geschaffen, die jeden Zentimeter geschickt nutzen. Die pure, weiße Gestaltung und die Blickachsen zwischen den Bereichen und nach draußen lassen die Räume größer erscheinen.

Im Erdgeschoss befinden sich der Wohnraum mit Küche sowie ein – auch als Schlafraum nutzbares – Multifunktionszimmer. Über eine Treppe aus poliertem Beton gelangt man hinab zu einem auf Gartenniveau liegenden Schlafraum. Eine offene Treppe führt hinauf zu einem weiteren Schlafzimmer unter dem Dach. Von jeder Ebene kommt man ins Freie und je nach Tageszeit gibt es einen anderen Lieblingsplatz: Auf der Terrasse neben der Küche lässt sich der Morgenkaffee wunderbar genießen, später geht es auf die Gartenterrasse mit den Liegestühlen und zur Erfrischung ins Tauchbecken. Wenn die Sonne über den Hügeln untergeht, ist die Loungeecke auf der Dachterrasse für den Sundowner reserviert.

Mit der alten Burg und den antiken Stadtmauern sind in Silves noch Spuren der maurischen Vergangenheit zu finden. Damals war die Stadt ein wichtiger Handelsstandort, heute ist Silves ein charmantes, ruhiges Städtchen abseits der Hektik der Touristenhochburgen. Am Meer ist man zudem auch schnell: Die Küste ist nur 11 Kilometer entfernt.

Anke Steinweg

Die überraschend moderne Rückseite des Hauses mit geradlinigen Formen und Terrassen auf drei Ebenen.

The surprisingly modern back of the house with its linear shapes and terraces tiered across three levels.

In den modernen Räumen stellen Vintage-Möbel wie das aus den 1960er Jahren stammende Regal von Ludvik Volak und die handgefertigten Fliesen mit geometrischen Mustern den Bezug zur Geschichte des Hauses her.

Its modern rooms contain vintage furniture, such as a 1960s shelf by Ludvik Volak, and hand-made tiles featuring geometric patterns, which allude to the history of the house.

Behind old façades

The mission of the Dutch/Portuguese architects' practice Studio Arte is to create environments full of surprises and to exceed expectations. The Casa da Lila is an excellent example of their vision. Located on one of the historic streets of the little Portuguese town of Silves, this house is a constant source of amazement. Not only does its unassuming traditional façade conceal contemporary architecture and an exquisite interior, but what's more, this little house, which looks from the street like a small, single-storey dwelling, turns out to be a spacious marvel extending over three levels, giving wide-ranging views over the town and surrounding hills.

This derelict 1950s town house has been almost completely rebuilt. As it is a listed building, the regulations specified that the northern façade, facing onto the street, had to be retained in its original form. On the south side, overlooking the garden, the house has a modern face defined by straight lines, large windows and terraces on three levels. The architects have created a series of interlinked rooms, cleverly using every centimetre to the full. The pure, white design and glimpses through from one section to the next, as well as to the outside, make the rooms seem even larger than they are.

The ground floor houses the living room with a kitchen, as well as a multifunctional room that can double as a bedroom. A staircase of polished concrete leads down to a bedroom at garden level, while another staircase leads up to a further bedroom under the roof. Each storey has access to the open air, each terrace having special qualities that make it the best at different times of day. The patio next to the kitchen is a wonderful place for morning coffee, later in the day the garden terrace with its loungers is a great place to take in the sun and cool down with a dip in the pool, and as the sun sets over the hills, the lounge area on the roof terrace is the perfect place for evening drinks.

With the old castle and ancient town walls, there are plenty of traces of the Moorish past of Silves to be discovered. The town was an important trading centre, although now Silves is a charming, peaceful little town far from the high-rise tourist resorts. It is within easy reach of the sea, with the nearest coast only eleven kilometres away.
Anke Steinweg

CASA DA LILA | PORTUGAL | ALGARVE, SILVES

Ferienhaus für 6 Personen | Design: João Carrico, Arnold Aarssen – studio arte, Portimão (Architektur); Herman Koppe, Angela Galvão, Putten (Innenarchitektur) | Fertigstellung: 2016 | www.casadalilasilves.com

myhomeinlisbon

Zuhause in Lissabon

Sich entspannen, gleichzeitig Neues entdecken und sich dabei so wohl wie zuhause fühlen – das ist es, was man im Urlaub möchte. myhomeinlisbon bietet all das und dazu noch eine ausgesucht stilvolle Umgebung und liebenswerte Gastgeber: Die Unterkunft mitten in Lissabon ist nicht nur das Zuhause von Maria Ulecia, sondern auf Zeit auch das Heim ihrer Gäste. Bis ins Detail ist die Liebe spürbar, mit der das alte Haus umgebaut und ausgestattet wurde.

Das B&B liegt im Stadtteil Graça, einem ruhigen Viertel in der Nähe der Burg, und wird schon seit vielen Jahren von Maria betrieben – nach einer langen Schließzeit und radikalen Umbauten erstrahlt es nun in neuem Glanz. Geblieben ist die alte Fassade, das Innere des Stadthauses wurde in Zusammenarbeit mit dem spanischen Architekturbüro Ábaton Arquitectura modernisiert und ist nun geprägt durch großzügige Grundrisse, viel Sichtbeton und große Fenster auf der Rückseite, die eine einzigartige Aussicht auf Lissabon bieten.

Im Erdgeschoss befinden sich – für alle Bewohner nutzbar – Wohn- und Esszimmer mit Gartenzugang sowie eine Bibliothek. Die neun Gästezimmer liegen in den oberen Etagen. Der nüchternen Schlichtheit der Sichtbetondecken und der Fußböden aus Naturstein wirkt die individuelle Einrichtung jedes einzelnen Zimmers entgegen: Stylische Vintagemöbel, liebevoll ausgesuchte Accessoires und farbenfrohe, perfekt aufeinander abgestimmte Textilien versprühen Lebensfreude und zeugen von einem feinen Sinn für Ästhetik. Überall stößt man auf Designerstücke und Kunstwerke wie die mundgeblasenen tropfenförmigen Glaslampen des portugiesischen Designers Martinho Pita im modernen Treppenhaus. Die Fliesen und Waschschüsseln in einigen Badezimmern sowie das Fliesenrelief an der Ostfassade wurden von Maria selbst gefertigt.

Das ganze Haus strahlt eine warmherzige Atmosphäre aus. Der hübsche Garten mit Limettenbaum und duftenden Jasminsträuchern lädt zum Verweilen ein – am langen Tisch wird häufig gemeinsam gefrühstückt. Darüber hinaus bietet Lissabon natürlich den Flair einer weltoffenen Stadt mit viel Kultur und Kunst – die Architektur nicht zu vergessen. Zuhause in Lissabon: myhomeinlisbon ist ein wunderschöner und inspirierender Ort, der mehr als einen Aufenthalt wert ist. Tina Barankay

Überall im Haus finden sich Designerstücke und Kunstwerke – im modernen Treppenhaus hängen Glaslampen des portugiesischen Designers Martinho Pita.

.

You will find art and design pieces throughout the house, including glass light-shades by Portuguese designer Martinho Pita in the modern stairwell.

Die individuelle, bis ins kleinste Detail liebevoll ausgesuchte Einrichtung jedes einzelnen Zimmers zeugt von einem feinen Sinn für Ästhetik.

The individual details in each lovingly decorated room are testimony to a fine aesthetic sensibility.

At home in Lisbon

Relaxing and discovering new experiences while feeling happily at home – these are the things we want from a holiday. myhomeinlisbon offers all this and more: select, stylish surroundings and a friendly host. This accommodation in central Lisbon is not only Maria Ulecia's home, but also the temporary home of her guests. The affection with which the old house has been renovated, decorated and furnished can be felt in every detail.

Located in Graça, a peaceful district near the castle, the B&B has been run by Maria for many years, but after an extended closure and radical renovation it has now reopened with a completely new image. The old façade has been retained, while the interior of the town house has been renovated in collaboration with Spanish architects Ábaton Arquitectura, such that it now boasts spacious rooms, large areas of fair-faced concrete and wide windows to the rear offering unique views over Lisbon.

The ground floor houses a combined living and dining room for use by all guests, which has access to the garden and a library, while the nine guest rooms are on the upper floors. The sleek, plain fair-faced concrete ceilings and natural stone floors provide a smooth contrast to the individual interiors of each room – stylish vintage furniture, lovingly chosen accessories and colourful, perfectly harmonised textiles exude joie-de-vivre and are testimony to a fine aesthetic sensibility. Throughout the property there are designer pieces and works of art, such as the mouth-blown teardrop glass light-shades by Portuguese designer Martinho Pita that adorn the modern stairwell. The tiles and washbasins in the en suite bathrooms, and the tiled relief on the east façade, were created by Maria herself.

The whole house radiates a warm-hearted atmosphere. The pretty garden with its lime tree and sweet-scented jasmine bushes is an inviting place to relax, and breakfast is often served as a communal occasion around the long table. Lisbon itself has all the character of a cosmopolitan city bursting with art and culture – not forgetting its architecture. At home in Lisbon: myhomeinlisbon is a wonderful, inspiring place that you will want to return to again and again.

Tina Barankay

MYHOMEINLISBON | PORTUGAL | LISSABON

B&B mit 9 Zimmern für insgesamt 19 Gäste | Design: Ábaton Arquitectura, Madrid (Architektur); María Ulecia, Lissabon (Innenarchitektur) | Fertigstellung: 2016 | www.myhomeinlisbon.com

Hüs üf der Flüe

Alt und Neu, eng verwoben

Das Goms ist ein sonniges Hochtal im Schweizer Kanton Wallis. Imposante Viertausender bilden die idyllische Kulisse für die ursprünglichen Dörfer mit gothischen und barocken weißen Kirchen und sonnenverbrannten Holzhäusern. Eines der schönsten Gommer Dörfer ist Ernen. Sein historischer Ortskern mit den Häusern unterhalb der Kirche St. Georg ist ein beliebtes Postkartenmotiv und gehört zu den schützenswerten Ortsbildern der Schweiz von nationaler Bedeutung. Darauf zu sehen ist eines der ältesten und am besten erhaltenen Heidenhäuser der Region: das Hüs üf der Flüe.

Dem aus dem 15. Jahrhundert stammenden Haus sieht man sein Alter nicht an, denn es hat eine „Frischzellenkur" erhalten und trägt ein neues Kleid aus Lärchenschindeln. Die Kunsthistorikerin Diana Pavlicek ging bei der Renovierung behutsam und mit viel Gespür für die Traditionen und Besonderheiten dieses Haustyps vor. Wo immer möglich, wurden die historischen Elemente erhalten oder es wurde originale Bausubstanz an anderer Stelle wiederverwendet. Teile, die nicht erhalten werden konnten, wurden durch unbehandeltes Holz ersetzt. Sie sind an der hellen Farbe des Holzes zu erkennen – wie die neue Hausfassade. Im Laufe der Zeit wird das Holz verwittern und sich den Nachbarhäusern anpassen.

Im Haus befinden sich zwei Ferienwohnungen: jeweils mit großer Wohnküche, Stube, zwei Schlafzimmern und einem Bad. Mit den alten Dielen und Täfelungen sowie den kalkverputzten Wänden in Küchen und Bädern haben die Räume ein authentisches historisches Ambiente. Die neuen Küchenzeilen und Esstische fügen sich harmonisch ein, denn sie wurden aus Altholz angefertigt, das bei der Renovierung übrig geblieben war. Die für die Gommer Heidenhäuser typischen Elemente wie der Balkenkopfkamin und das Heidenkreuz sowie ein alter Giltsteinofen von 1576 sind in die Wohnungen integriert. Die reduzierte Einrichtung setzt die historischen Details in Szene und sorgt mit kleinen modernen Akzenten dafür, dass man sich nicht wie im Museum vorkommt.

Als Teil des Landschaftsparks Binntal hat Ernen Wanderern und Wintersportlern einiges zu bieten, aber auch Kulturfreunde kommen auf ihre Kosten: In den Sommermonaten finden im Rahmen des Festivals „Musikdorf Ernen" zahlreiche Konzerte statt. Und die bekannte Krimiautorin Donna Leon gibt Schreibseminare.

Anke Steinweg

Der neue Tisch ist aus Altholz gefertigt und passt sich harmonisch in das historische Ambiente ein.

The new table was made from old timber and blends in perfectly with the historic ambience of its surroundings.

Wenn beide Wohnungen zusammen gemietet werden, kann die Verbindungstür zum Treppenhaus geöffnet werden.

A connecting door to the stairwell can be opened when both apartments are rented together.

Im Wohnraum der Erdgeschosswohnung befinden sich ein Giltsteinofen von 1576 und ein antikes Buffet von 1822.

The living room in the ground floor apartment features a traditional stone oven dating to 1576 and an antique cupboard dating to 1822.

Old and new, tightly knit

Goms is a sunny high-altitude valley in the Swiss canton of Valais. Imposing, four thousand-plus metre peaks form an idyllic backdrop to the ancient villages. One of the most beautiful villages is Ernen, with an historic centre made up of houses nestling below the church of St Georg that is a popular picture on postcards of the region. Among these buildings is one of the oldest, best preserved houses in the region – the Hüs üf der Flüe, a fine example of a Heidenhaus, a style of vernacular architecture unique to the local area.

Dating back to the 15th century, the house does not show its age, as it has been given a complete makeover and re-clad in new larch shingles. Art historian Diana Pavlicek undertook the renovation with great care and plenty of feeling for the traditions and special features of this ancient type of house. Wherever possible, the historical features have been retained or the original structural materials reused elsewhere. Parts that could not be retained have been replaced with untreated local timbers. These can be recognised by the light colour of the wood, and include the new façades. Over the course of time the timber will weather until it blends in perfectly with the neighbouring houses.

The house contains two holiday apartments: each with a large dining kitchen, living room, two bedrooms and bathroom. With their old floorboards and wall panelling, and whitewashed walls in the kitchens and bathrooms, the rooms have an authentic, historical atmosphere. The new kitchen units and dining tables blend in harmoniously with the rest, since they were built from reclaimed timbers that were left over from the renovation works. Features typical of the Goms valley Heidenhaus, such as the fireplace beams, the Heidenkreuz decorative elements, and an old stone oven dating from 1576, have been integrated into the apartments. The minimalist interiors bring the historical details to the fore and small modern highlights ensure that the rooms are not museum-like at all.

Located in the Binntal Nature Park, Ernen offers a range of activities to hikers and winter sports enthusiasts. Those seeking art and culture will also find plenty to please them, including the concerts held as part of the "Musikdorf Ernen" festival in summer. Well-known crime author Donna Leon also gives frequent writing seminars in the region.
Anke Steinweg

HÜS ÜF DER FLÜE | SCHWEIZ | WALLIS, ERNEN

2 Wohnungen für je 4–5 Personen | Design: abgottspon werlen architekten, Visp (Architektur); Diana Pavlicek, Zürich (Innenarchitektur) | Fertigstellung: 2016 | www.munts-pavlicek.ch

Casa Penya Rotja

Spiel zwischen Innen und Außen

Die Casa Penya Rotja, gelegen inmitten der schönen Schlichtheit der Ostküste Mallorcas, ist ein Ort, an dem einfach alles stimmt: ein mallorquinisches Anwesen, bestehend aus zwei Gebäuden, umgeben von einem großzügigen Garten mit Agaven, Orangen- und Mandelbäumen. Der ehemalige Schuppen wurde in mehreren Etappen – beginnend mit den Umbaumaßnahmen des Architekten Antonio Estéva in den 1980er Jahren – und mit viel Feingefühl modernisiert, ohne dabei seinen authentischen Charakter zu verlieren. Das Haus verbindet sich stimmig mit der natürlichen Umgebung: Außenterrassen und Veranden bieten eine Vielzahl an Sitzmöglichkeiten und stets neue Aussichten über den Garten hinaus auf die Dächer des verschlafenen Städtchens Son Servera und auf sanfte Hügel, zwischen denen man das Meer aufblitzen sieht.

Herzstück des Hauses ist der helle Wohnraum, der sich nach zwei Seiten gleichermaßen zum Garten hin öffnet – eine moderne Glastür und eine alte mallorquinische Flügeltür gestalten das transparente Spiel zwischen Innen und Außen: Der Innenraum verbindet sich fließend mit der sonnenbeschienenen Terrasse, ihren drei „tanzenden“ Olivenbäumen und dem Pizzaofen auf der einen Seite und der Schatten und Geborgenheit spendenden Veranda mit großem Esstisch und gemütlichem Sitzplatz auf der anderen Seite. Im Inneren schließen sich eine offene Küche mit Essplatz und ein kleines Schlafzimmer an den Wohnraum an, ein offener Kamin sorgt auch in der kühleren Jahreszeit für eine behagliche Atmosphäre. Das zweite, große Schlafzimmer mit Dachterrasse liegt im Obergeschoss. Im Nebengebäude befinden sich zwei weitere Schlafräume.

Das Interieur ist geprägt durch einen stimmigen Dialog zwischen klassischer Moderne und traditionellem Handwerk, zwischen historischer Bausubstanz und ausgewählten Designerstücken, zwischen Verspieltheit und schlichter Geradlinigkeit. Mit einem besonderen Sinn für Ästhetik und feinem Gespür für die Bedürfnisse der Gäste haben Martin Goray, Saskja Rosset und Mischa Leiner das Haus aus seinem Jahre währenden Dornröschenschlaf geweckt – sehr behutsam und ohne die Seele der Casa anzutasten. Inspiriert von regionalen Handwerkstraditionen wurden Möbel, Leuchten und Objekten ausgewählt, die mit der architektonischen Substanz harmonieren und gleichzeitig spannende Kontrapunkte setzen. Ein inspirierender Ort – einfach traumhaft schön. Tina Barankay

Ein stimmiger Dialog aus Verspieltheit und schlichter Geradlinigkeit prägt das wundervoll gelegene Anwesen.

Playfulness meets simplicity and linear design in a fantastic location.

Alter Steinboden trifft auf moderne Möbel, urige Holzbalken harmonieren mit stilvollen Lampen – hier stimmt einfach alles.

Modern furniture pieces are set against old stone floors, the original wooden beams contrast with designer lamps – everything is just perfect.

Interplay between inside and out

Nestling against the starkly beautiful backdrop of the east coast of Majorca, the Casa Penya Rotja is a place where everything is just perfect – a Majorcan property composed of two buildings surrounded by a spacious garden with agaves, orange trees and almond trees. The former barn was transformed in several stages, beginning with the conversion by architect Antonio Estéva in the 1980s, its modernisation ensuring a fine feel for quality without losing the building's original character. The house blends in harmoniously with its natural surroundings: outside terraces and verandas provide plenty of places to sit, offering a variety of gorgeous views out over the wonderful garden to the roofs of the sleepy little town of Son Servera and across rolling hills to the glittering surface of the sea beyond.

The heart of the house is the bright living room, which opens out onto the garden on two sides. An old Majorcan timber door contrasted with a modern glass door creates an interplay between inside and out. The interior flows out onto the sunny terrace, with three "dancing" olive trees and a pizza oven on one side, and the peaceful, shady veranda with its broad dining table and cosy seating on the other. Inside, an open kitchen with a dining area and small bedroom lead into the living area, where an open fire makes sure the atmosphere is always cosy, even in winter. The second, larger bedroom, complete with a roof terrace, is located on the first floor. There are two further bedrooms in the outbuilding.

The interiors are characterised by a dialogue between classic modernity and traditional craftsmanship, between the building's historic structure and the carefully selected furniture pieces, between playfulness and straight-lined simplicity. With their fine feel for complementary materials, form and proportions, and instinctive sense for the needs of the guests, Martin Goray, Saskja Rosset and Mischa Leiner have awakened this house from an enchanted slumber – with great care and without encroaching on the Casa's soul. A truly inspiring place – dreamlike and beautiful.

Tina Barankay

CASA PENYA ROTJA | SPANIEN, MALLORCA, SON SERVERA

Ferienhaus für bis zu 8 Personen | Design: Antonio Estéva, Palma, Mallorca (Architektur); Martin Goray, Saskja Rosset, Mischa Leiner, Zürich (Innenarchitektur) | Fertigstellung: 2009 (Renovierung) | www.penyarotja.com

Finca Extremadura

Im Einklang mit der Natur

Wer Urlaub abseits der Massen machen möchte, ist in der Extremadura richtig: Die Autonome Region im Westen Spaniens ist der am dünnsten besiedelte Teil des Landes. Hier trifft man nur wenige Touristen, dafür gibt es umso mehr Natur! In der Hügellandschaft der Provinz Cáceres in der nördlichen Extremadura haben Ignacio Lechón und die Geschwister Camino und Carlos Alonso – Architekten aus Madrid – einen alten Stall entdeckt. Eigentlich wollten sie ihn zum Landhaus umbauen, doch das alte Gemäuer erwies sich als baufällig. Daher wurde neu gebaut – mit viel Respekt vor der Natur. Energieeffizienz war ein wichtiger Faktor: Es gibt weder ein Stromnetz noch Wasserleitungen in der abgelegenen Gegend. Dafür verlaufen jedoch zwei Bäche über das Grundstück und spielen für die Wasser- und Energieversorgung sowie gestalterisch eine bedeutsame Rolle.

Der Neubau befindet sich an derselben Position wie sein Vorgänger, hat die gleiche Form und besteht zum Teil aus den alten Steinen. Neu sind die großen Fensterfronten. Sie bringen viel Licht und im Winter auch Wärme in das Innere. In Sommer verhindert der Dachüberstand, dass sich das Haus zu sehr aufheizt. In der Nacht werden große Holzschiebetüren vor die Fenster geschoben und schützen das Haus vor Wärmeverlust.

Innen ist das Gebäude ebenfalls stark an den alten Stall angelehnt, doch zeigt sich hier die moderne Handschrift der Architekten: Auf der oberen Ebene, dem ehemaligen Heuboden, sind Schlafräume entstanden. Auf der unteren Ebene wurden tragende Wände durch Metallpfeiler ersetzt, wodurch ein großzügiger Raum entstanden ist, der sich über die gesamte Länge des Hauses erstreckt und sich bis unter das Dach öffnet. Der Raum wirkt nicht nur durch seine Größe, sondern auch durch die Komposition verschiedener Materialien: glatte weiße Flächen, Beton, Metall und Stein. Auf der Hangseite gibt es einen Innenhof mit steinernem Wasserbecken. Das aus den Bergen kommende Wasser wird hier gesammelt, fließt unter dem Haus durch und wird im Pool auf der anderen Hausseite aufgefangen. Im Sommer sorgt der Innenhof mit Wasserbecken für Abkühlung und macht eine Klimaanlage überflüssig. Das beruhigende Rauschen des Wassers und die zauberhaften Reflexionen, die an den Wänden entstehen, wenn das Sonnenlicht auf das Wasserbecken fällt, sind weitere Geschenke der Natur.

Anke Steinweg

Der lange Esstisch geht nahtlos in die Kücheninsel über. Der Wohnraum öffnet sich über die gesamte Länge bis unter das Dach.

The elongated dining table connects seamlessly with the kitchen's cooking island. The living space opens up all the way to the roof.

Der Wohnraum ist eine Komposition verschiedener Materialien: Glatte weiße Flächen treffen auf Beton, Metall und Stein. Nach vorne blickt man auf die grüne Landschaft, auf der Hangseite befindet sich der intime Innenhof.

The living area is composed of several contrasting materials: smooth white surfaces meet concrete, metal and stone. The front side offers views of a rolling green landscape, the slope side an intimate courtyard.

In harmony with nature

Extremadura is the perfect place for holidays off the beaten track – this region in western Spain is the most sparsely populated part of the country. It was among the rolling hills of the province of Cáceres in the north of Extremadura that Ignacio Lechón and the siblings Camino and Carlos Alonso, architects from Madrid, discovered an old barn. At first they wanted to renovate it, but the old walls proved to be structurally unsound, so they built a new property while fully respecting the surrounding landscape. Energy efficiency was an essential factor, since this remote region is served by neither electricity grid nor mains water supply. However, there are two streams flowing through the grounds of the property, and these play a significant role in supplying water and power, as well as having shaped the design.

The new building occupies the same site as its predecessor, has the same form and was constructed using many of its old stones. The new window frontages bring plenty of light to the interior, as well as solar warmth in winter, while in summer, the overhang of the roof prevents the house from overheating. At night, large wooden sliding doors cover the windows and protect the house from heat loss.

Inside, the building is also strongly inspired by the old barn, although the architects' modern signature is writ large. The upper floor, the former hayloft, now houses the bedrooms. Downstairs, the load-bearing walls have been replaced by metal columns, creating a spacious room that extends over the whole length of the house and is open to the roof. The room is striking not only for its size, but also the combination of different materials: smooth white surfaces, concrete, metal and stone. Where the building nestles into the hillside there is an internal courtyard with a stone water feature. The water coming down from the mountainside is collected here, before flowing beneath the building to the swimming pool on the other side. In summer, the inner courtyard with its water feature keeps the house cool without air conditioning. The calming flow of the water and magical reflections that play on the walls are further gifts of nature.

Anke Steinweg

FINCA EXTREMADURA | SPANIEN | CÁCERES, GUIJO DE SANTA BÁRBARA

Ferienhaus für bis zu 16 Personen | Design: Ábaton Arquitectura, Madrid (Architektur); Batavia, Madrid (Innenarchitektur) | Fertigstellung: 2010 | www.abaton.es/en/rental

Krumme Linien und klare Kanten

Als die Designer Detlef und Ulrike Rahe zum ersten Mal nach Mallorca kamen, waren sie beeindruckt von der Ursprünglichkeit und Vielfalt der Insel: von der schroffen Natur mit ihrem suggestiven Farb- und Lichtspiel, von den Orten und Städten mit ihrer reichen Kultur und von dem stolzen und doch bescheidenen Wesen der Mallorquiner. 2012 erstanden sie ein ziemlich verfallenes ehemaliges Herrenhaus mit Innenhof in der verwinkelten Altstadt von Pollensa: das Haus Nummer 57 in der Carrer del Lleó des quirligen und bis heute sehr ursprünglich gebliebenen Ortes im Norden der Insel.

Vor der Restaurierung war die originale Struktur des 150 Jahre alten Hauses völlig überbaut und kaum noch wahrnehmbar. Höchste Prämisse war für das Designerpaar daher, die historische Bausubstanz behutsam wieder zum Vorschein zu bringen und diese mit modernen, selbst entworfenen Elementen zu ergänzen. Entstanden ist ein großzügiges Ferienhaus, das mit 300 Quadratmetern Wohnfläche und vielen Außenplätzen und Terrassen bis zu zehn Personen zu Urlaubsglück auf drei Etagen einlädt.

Der von hohen Mauern umgebene zweigeschossige Innenhof ist das Kleinod des Anwesens: Der Patio mit Sonnendeck, Salzwasserpool und langem Tisch ist zugleich kommunikatives Herzstück und stille Oase mit viel Platz für privaten Rückzug. Das Frühstück ist hier beseelt vom Gezwitscher der Vögel, die in den Mauern nisten und mit der langsam aufsteigenden Wärme verbreiten die Orangenbäume ihren betörenden Duft. Des Abends treffen sich Nachbarn und Freunde zum Aperitif und genießen in der oberen Patio-Lounge die milde Nachtluft.

Die Fassade, die Kubatur, der als Parallelogramm ausgeführte Grundriss sowie alle krummen Linien des alten Stadthauses stehen unter Denkmalschutz. Eine kuriose Besonderheit des spanischen Denkmalschutzgesetzes schützt nämlich nicht den Originalentwurf, sondern die tatsächliche Ausführung des Baus. Das verleiht LLEÓ 57 einen ganz besonderen Charme und lässt krumme Linien und klare Kanten miteinander ins Gespräch treten: über Vergangenheit und Gegenwart, Handwerkskunst und mallorquinischen Stolz, über Nachbarn, die zu Freunden wurden, und über die Konstante, die seit 150 Jahren das stolze Herrenhaus und seine Bewohner beflügelt – die mallorquinische Lebensart, *el arte de vivir.* Britta Krämer

Die originale, dreistöckige Struktur sah pro Ebene drei nebeneinanderliegende Zimmer zur Straße hin und drei nach hinten zum Hof hin vor, also 6 Zimmer pro Ebene, im Ganzen 18 annähernd rechteckige Räume.

The original, three-storey structure featured three adjacent rooms facing the street and three facing back towards the courtyard: six rooms per level, totalling 18 rectangular rooms.

57

Je nach Wetter und Sonnenstand verändert sich die Atmosphäre im Haus und macht einen jeweils anderen Bereich zum Protagonisten.

Depending on the weather and sun, the ambience within the house changes and different areas are drawn into focus

Irregular lines and sharp edges

When designers Detlef and Ulrike Rahe came to Majorca for the first time, they were impressed by how unspoilt the island was – the rugged natural landscape of the Tramuntana mountains, the Formentor peninsula with its atmospheric interplay of light and colour, the towns and villages with their rich cultural heritage - and charmed by the Majorcans' combined sense of pride and modesty. In 2012, they bought a dilapidated building with an inner courtyard in the narrow, winding streets of the old town of Pollença – the house at 57 Carrer del Lleó.

Before it was restored, the original structure of the old mansion had been completely hidden away by later building work and was scarcely recognisable. The top priority for the two designers was therefore to bring as many of the historical features to light as possible, complementing them with modern, self-designed elements. The result was a spacious holiday home, offering 300 m² spaces and plenty of outdoor spaces and terraces across three storeys for delightful holidays.

Surrounded by high walls, the two-tiered inner courtyard is a real gem. The patio with a sun deck, saltwater pool and long table, forms both the social heart of the property and a calm oasis with plenty of opportunity for personal privacy. Breakfast here is accompanied by the lively twittering of the birds that nest in the walls of the house, and as the warmth of the day gradually increases, the orange trees fill the air with their distinctive scent. The evenings are the time when neighbours and friends meet for aperitifs and to enjoy the island's mild night air.

The façades, the structural elements, the parallelogram of the floor plan and all the slightly irregular lines of the original townhouse are subject to a high level of protection. A curious feature of the regulations preserving historic buildings in Spain provides that it is not the original design, but the actual finished product that is protected. This gives Lleó 57 its special charm, promoting a dialogue between irregular lines and sharp edges – a dialogue about the past and present, Majorcan craftsmanship and pride, warm sandstone and smooth tiles, about neighbours turned friends and one constant that has inspired the mansion at Caller de Lleó and its inhabitants for over 150 years: the Majorcan way of life, *el arte de vivir*. Britta Krämer

LLEÓ57 | SPANIEN | MALLORCA, POLLENÇA

Ferienhaus für bis zu 10 Personen | Design: Detlef und Ulrike Rahe, Bremen/Göteborg | Fertigstellung: 2015 | www.lleo57.com

Solo Office

Die absolute Präsenz der Natur

Rauschende Wasserfälle, tiefe Schluchten, dichte Kiefernwälder und silbern schimmernde Olivenhaine prägen die Region Matarraña im spanischen Aragonien. In der wilden und unberührten Waldlandschaft, unweit des spanischen Naturparks Els Ports, fühlt man sich wie ein Eremit – isoliert vom Rest der Welt und im Zwiegespräch nur mit sich selbst und den Elementen. Beim Anblick der schier endlosen Weite der Natur fühlt man sich seltsam befangen und gleichzeitig frei wie ein Vogel.

Mitten in diesem überwältigenden Landschaftsszenario nimmt das visionäre Projekt des französischen Unternehmers Christian Bourdais sichtbar Gestalt an: Solo Houses – ein Architekturresort aus mutig konzipierten Ferienhäusern, die auf einem über 1000 Hektar großen Terrain Urlaubserleben neu definieren. Jedes Einzelprojekt ist individuell, der rote Faden ist allein die symbiotische Verbindung von Natur und unkonventioneller zeitgenössischer Architektur. Bourdais hat dafür die neue Generation aufstrebender internationaler Architekten auf den Plan gerufen. Den Auftakt bildete 2014 die ikonenhafte Wohnskulptur Solo Pezo von Mauricio Pezo und Sofia von Ellrichshausen.

Das neueste Projekt, Solo Office, trägt die Handschrift des belgischen Architekturstudios Office Kersten Geers David Van Severen. Die Architekten haben das klassische Konzept des (Ferien-)Hauses ad acta gelegt und Raum, Form und Kontextbezogenheit radikal neu durchdekliniert. Solo Office thront auf einem natürlichen Plateau und schenkt mit seinem ringförmigen Grundriss einen 360-Grad-Blick in die wilde Landschaft. Der Bau passt sich wie ein Chamäleon seiner Umgebung an und wird fast unsichtbar. Die Grenzen zwischen Innen und Außen sind aufgelöst, denn die gläsernen Wände sind kaum wahrnehmbar. Die verschiedenen Raumfunktionen verteilen sich über drei Kreissegmente, die je nach Wetterlage und Nutzungskonstellation nach außen zum Wald sowie nach innen zum Patio mit Pool hin durch perforierte Schiebefassaden aus Metall abgeschirmt werden können.

Wer hier Urlaub macht, wird von der Natur absorbiert, ihre Präsenz ist absolut. Die Geräusche des Waldes, das Sonnenlicht in seinen 1000 Nuancen und die endlose Weite des Nachthimmels sind das Geschenk des Hauses an seine Bewohner. Und eine Einladung, eins zu werden mit dem, was sie umgibt.

Britta Krämer

Je nach Wetterlage und Nutzungskonstellation können die Kreissegmente nach außen zum Wald sowie nach innen zum Patio mit Pool hin durch perforierte Schiebefassaden abgeschirmt werden.

Depending on the weather and desired configuration, the circular segments can be shielded by a set of perforated sliding façades on either the outer side facing the forest or the inner side facing the patio and pool.

Im Solo Office sind die Grenzen von Innen und Außen so gut wie aufgehoben: Architektur und Natur durchdringen sich und das Haus verschwindet beinahe.

The boundaries between inside and out are lost at Solo Office. Architecture and nature flow into each other while the house seems to disappear.

The immediate presence of nature

Roaring waterfalls, deep gorges, dense pine forests and olive groves – these are all typical features of the Spanish Matarraña region in Aragon. In the unspoilt forest landscape of Cretas, you feel like a hermit, distanced from the rest of the world, free to engage in contemplative dialogue with yourself and the elements. The views of the endless expanses of nature make you feel at once strangely caught, yet free as a bird.

In the midst of this breath-taking scenery is the spot where the visionary project of French entrepreneur Christian Bourdais is taking visual shape. This is Solo Houses – an architecture resort of boldly designed holiday homes which redefine the holiday experience on a 1,000 hectare site. Each individual project is unique, the only common thread being a symbiotic relationship between nature and unconventional contemporary architecture. Bourdais has brought together a new generation of up-and-coming international architects for the project. The curtain-raiser, completed in 2014, was the iconic Solo Pezo residential sculpture by Mauricio Pezo and Sofia von Ellrichshausen.

The latest project, Solo Office, bears the signature of the Belgian architecture studio Office Kersten Geers David Van Severen. The architects have put aside the classic concept of a (holiday) home and given the concepts of space, form and context a radically new rethink. Solo Office stands proud on a natural plateau and its ring-shaped ground plan provides 360° views over the wild surrounding landscape. The building blends into its environment like a chameleon such that it becomes almost invisible. The borders between indoors and out are lost, as the glass walls can hardly be seen. The different room functions are distributed throughout three segments of the circle which, depending on the weather or desired configuration, can be shielded by perforated sliding metal panels on the outward, forest side or the inner side that faces onto the patio with a swimming pool.

To spend your holiday here is to be absorbed by the natural world, as its presence is absolute. The sounds of the forest, the sunlight in its thousand nuances and the infinite expanse of the night sky are gifts given by the house to its occupants – and an invitation to become one with the surroundings.

Britta Krämer

SOLO OFFICE KERSTEN GEERS DAVID VAN SEVEREN | SPANIEN | ARAGONIEN, PROVINZ TERUEL, CRETAS

Ferienhaus für bis zu 8 Personen | Design: Kersten Geers, David Van Severen – Office Kersten Geers David Van Severen, Brüssel | Fertigstellung: 2017 | www.solo-houses.com

Vejer_b5

Blendend weiß

Die Pueblos Blancos, die sogenannten Weißen Dörfer Andalusiens, sollte man unbedingt sehen, wenn man nach Südspanien fährt: Von Weitem schon leuchtet einem das Weiß der ineinander verschachtelten kubischen Häuser der an das maurische Erbe erinnernden Bergdörfer entgegen. Unterbrochen wird es nur vom Rot der Ziegeldächer und den unzähligen bunten Blumentöpfen. Das pittoreske Örtchen Vejer de la Frontera liegt auf einem Hochplateau nahe der Costa de la Luz – inmitten der von Kornfeldern, Mandel- und Eukalyptusbäumen geprägten andalusischen Landschaft. In einer der verwinkelten Gassen liegt das vom portugiesischen Architekten Manuel Aires Mateus entworfene Haus Vejer_b5 – eine Oase der Ruhe.

Mit seinem schlichten Äußeren und der Eleganz seiner kubischen Architektur passt sich das weiße Häuschen perfekt in das städtische Erscheinungsbild ein. Das alte Gebäude wurde behutsam modernisiert und dabei die ursprüngliche architektonische Harmonie wiederhergestellt. Entstanden ist eine reizvolle Komposition aus Räumen auf mehreren Ebenen: ein beeindruckend stimmiges und ästhetisch anspruchsvolles Zusammenspiel von Rundungen und linearen Formen, ein Ineinanderfließen von Innen- und Außenräumen, ein spannender Wechsel von Licht- und Schattenspielen.

Die hellen Räume im Erdgeschoss gruppieren sich um einen schattenspendenden Innenhof. Große Fenster, einfach verputzte Innenwände und ein durchgängig zurückhaltend zeitloses Interieur schaffen eine ruhige und klare Atmosphäre. Vom großzügigen Wohn-Ess-Bereich aus gelangt man über eine Innentreppe zum Schlafzimmer und dem dazugehörigen Bad im ersten Stock – eine Terrasse mit Pool lädt zum Verweilen ein. Über eine Außentreppe erreicht man die zweite Etage und damit ein weiteres Schlafzimmer mit Bad und eigener Terrasse. Steigt man die Treppe weiter hinauf zur Dachterrasse, wird man mit einem traumhaften Blick auf den Atlantik und das Mittelmeer bis nach Marokko belohnt.

Wem die Ruhe und das Weiß von Vejer noch nicht genug sind: Es gibt eine ganze Reihe von Pueblos Blancos in Andalusien zu entdecken. Außerdem: Die andalusischen Kleinode Cádiz, Jerez de la Frontera und Marbella bieten Kultur pur, die Costa de la Luz ist ein Paradies für Kite- und Windsurfer und die Landschaft im Hinterland verzaubert durch ihre Ursprünglichkeit.

Tina Barankay

Mit seinem schlichten Äußeren und einer spannenden Komposition auf mehreren Ebenen passt sich das weiße Haus perfekt in die Umgebung ein.

With its sleek exterior and exciting multi-levelled layout, this little white house blends in perfectly with the street scene around it.

Innen- und Außenräume fließen stimmig ineinander – Rundungen und lineare Formen lösen einander ab und erzeugen einen spannenden Wechsel von Licht und Schatten.

Flowing transitions between inside and out, with alternating curves and linear forms, create an exciting interplay between light and shade.

The bright white

The pueblos blancos, the white villages of Andalusia, are a must-see when visiting southern Spain. The white walls of these typically Moorish villages shine out to visitors from afar, punctuated by the red tiles of the roofs and rainbows of colourful flowers in window boxes. The picturesque little town of Vejer de la Frontera is on a high plateau near the Costa de la Luz, in the heart of the Andalusian landscape with its characteristic cornfields, almond groves and eucalyptus trees. Located on one of the town's winding alleys, the house Vejer_b5, designed by Portuguese architect Manuel Aires Mateus, is a haven of tranquillity.

With its sleek exterior and elegant cubic architecture, this little white house blends in perfectly with the street scene around it. The old building has been lovingly modernised, restoring the original architectural harmony. It has given rise to a delightful combination of rooms on several levels: an aesthetically appealing give and take of curves and linear forms, a flowing transition between inside and out, an exciting interplay of light and shade.

The bright rooms on the ground floor are grouped around a shady inner courtyard. It has a peaceful, uncluttered atmosphere with large windows, plain whitewashed walls and an understated, timeless interior throughout. A staircase from the spacious living and dining area leads to the bedroom with an en suite bathroom on the first floor – and the terrace with a swimming pool is the perfect place to relax. The second floor, reached by an exterior staircase, houses a further bedroom with an en suite bathroom and its own terrace. Continuing up the staircase to the roof terrace, you are rewarded by an incredible view over the Atlantic and the Mediterranean as far as Morocco.

And if the peace and quiet, or even the white beauty of Vejer, are not enough, there are a range of pueblos blancos to explore in Andalusia. A little further afield, the gems of Cádiz, Jerez de la Frontera and Marbella offer plenty of cultural attractions, the Costa de la Luz is a paradise for kitesurfers and windsurfers, and the inland landscape is beautifully unspoilt.

Tina Barankay

VEJER_B5 | SPANIEN | ANDALUSIEN, CÁDIZ, VEJER DE LA FRONTERA

Ferienhaus für 2–6 Personen | Design: Manuel Aires Mateus, Lissabon (Entwurf); Javier Montero, Tomás Carranza – Studio Vierna 9, Cádiz (Ausführung) | Fertigstellung: 2017 | www.urlaubsarchitektur.de

Villa CP

Eleganz in alten Steinmauern

Korkeichenwälder soweit das Auge reicht und am Horizont: das Meer. Eine atemberaubende Weite umgibt die Villa CP, die auf einem Hügel zwischen der katalonischen Stadt Girona und der Costa Brava thront. Sehr behutsam wurde das ehemalige Bauernhaus umgebaut und dabei eine harmonische Komposition aus denkmalgeschütztem Bestand, zeitgemäßer Architektur und nachhaltigem Bauen geschaffen – im Einklang mit der traumhaften Umgebung. Die klaren Kanten und rostigen Oberflächen der Fensterelemente aus Cortenstahl bilden einen spannenden Kontrast zum rustikalen Mauerwerk. Kork vom eigenen Grundstück dient als natürliches Dämmmaterial, die Wände im Innenbereich sind mit Lehm verputzt. So bleibt das Haus in den heißen Sommermonaten auch ohne Klimaanlage angenehm kühl.

Die Villa CP empfängt ihre Besucher mit lichtdurchfluteten Räumen: Große Fensteröffnungen ermöglichen eindrucksvolle Ausblicke, Wanddurchbrüche verbinden die Räume – und Fenster, die beim Öffnen in der Wand verschwinden, verstärken die Beziehung zwischen Innen und Außen. Die perforierte Stahlfassade des Außenbads zaubert ein poetisches Lichtspiel an die Wände. Die vier Schlafzimmer des Hauptgebäudes befinden sich im Erdgeschoss – dem ehemaligen Stall des Hauses. Zugunsten einer besseren Aussicht wurden die Wohnräume nach oben verlegt – eine Stahltreppe verbindet beide Stockwerke als skulpturales Element. Durch die Hanglage verbindet sich das Gebäude auf verschiedenen Ebenen mit dem mediterran angelegten Garten. Das Wohnzimmer öffnet sich zur Terrasse und dem durch Pflanzen und Kies gefilterten Naturpool.

Der kontrastreiche Stil dominiert auch das Interieur: Puristische Eleganz harmoniert mit liebevoll ausgesuchten Wohnaccessoires und farbenfrohen Textilien. Der Kamin lädt zu gemütlichen Herbstabenden ein, die geräumige Küche bietet Platz für ausgedehnte Abendessen, die Holzdecks sind im Sommer der Aufenthaltsort mit dem schönsten Ausblick und der weitläufige Garten bietet einen wunderbaren Rückzugsort und zugleich das ganze Jahr über Obst und Gemüse in Bioqualität.

Ziel war es, ein Haus zu schaffen, das eins ist mit der Natur – dieses Konzept ist auf zauberhafte Weise aufgegangen. Die Villa CP ist ein perfektes Domizil für alle, die subtilen Luxus lieben, Wert auf Nachhaltigkeit legen und ihren Urlaub gerne mitten im schönsten Nirgendwo verbringen.
Tina Barankay

Ein Haus zu schaffen, das eins ist mit der Natur – dieses Ziel ist hier auf zauberhafte Weise aufgegangen.

A house at one with nature – an idea realised in a truly magical way.

Puristische Eleganz bestimmt das Interieur. Elemente aus Cortenstahl bilden einen spannenden Kontrast – ob als perforierte Fassade des Außenbads oder als skulpturale Treppe im Wohnraum.

The interiors are characterised by a purist elegance. Corten steel elements create exciting contrasts – be it the perforated façade of the outdoor pool or the living area's sculptural staircase.

Elegance within ancient stone walls

Cork oak forests as far as the eye can see, with the sea on the horizon. A breathtaking landscape surrounds Villa CP, looking out from its elevated position between the Catalan city of Girona and the Costa Brava. This former farmhouse has been lovingly restored, creating a harmonious blend of protected historic structure, contemporary architecture and sustainability. The clear lines and rusted surfaces of the weathering-steel window elements form an exciting contrast to the rustic stone walls. Cork from the property's own grounds is used for natural insulation, and the interior walls are clay plastered, ensuring that the house remains cool without air conditioning, even in summer.

Guests are welcomed in the bright, airy rooms – large windows giving impressive views, rooms that are linked by openings and windows that vanish into the reveals when opened all enhance the relationship between outside and in. The perforated steel façade of the external bathroom throws a poetic play of light onto the walls. The four bedrooms in the main house are located on the ground floor, the former cowshed, while the living rooms are arranged on the first floor to make the most of the views. The steel staircase between the two storeys is designed as a sculptural element. The sloping site links the building with the Mediterranean garden in several places. The living room opens onto the terrace with a naturally filtered swimming pool.

The contrasts in style permeate through to the interior: purist elegance blends perfectly with carefully chosen home accessories and colourful textiles. The fireplace is an inviting focus for cosy autumn evenings, the spacious kitchen is perfect for meals with family or friends, the timber decking with amazing views is the place to be in summer, and the large gardens are not only a wonderful retreat but also a source of fresh organic fruit and vegetables. The aim was to create a house at one with nature – a concept that has succeeded to enchanting effect. This is the ideal place for lovers of subtle luxury, who value sustainability and all who enjoy holidays in beautiful locations off the beaten track.

Tina Barankay

VILLA CP | SPANIEN | KATALONIEN, GIRONA, SANTA PELLAIA

Ferienhaus für 8 und 2 Personen | Design: Co Govers – ZESTarchitecture, Barcelona | Fertigstellung: 2012 | www.villa-cp.com

Die Häuser des Mediterranen erblühen unerwarteterweise

**„Könnte ich,
wäre ich immer im Urlaub
Wäre ich fähig, würde ich
‚Il cielo in una stanza'[1] schreiben
Aber wenn ich ehrlich bin,
ein Paradies ist das hier nicht
In der Hölle der Wahrheiten
lüge ich mit einem Lächeln."**

Jovanotti, **Sono un ragazzo fortunato**, 1992

CHERUBINO GAMBARDELLA

Cherubino Gambardella ist einer der bekanntesten zeitgenössischen Architekten Italiens auf internationalem Parkett. Als Architekturtheoretiker sowie Professor und Leiter der zweiten Architekturfakultät von Neapel ist er Verfasser zahlreicher Bücher zum Thema des Mediterranen und hat mit seinen Architekturprojekten und künstlerischen Arbeiten an mehreren Biennalen in Venedig teilgenommen.

Das Mediterraneum ist eine sagenhafte Lüge und in der Architektur sind es die Lügen, die einen träumen lassen.

Das Haus, die Villa, der Urlaub, sind glückliche Symbole des intensiven Lebens in einem historischen Moment, in dem der Mythos des Binnenmeeres mehr als einen dramatischen Aspekt repräsentiert.

Die Bedeutung von Freiheit, verbunden mit dem Konzept der Sommerfrische, soll jedoch nicht als Genugtuung über eine sehr niedrige Qualität des Lebens und seiner Räume verstanden werden, sondern als das Streben nach einer würdevollen Alltagsexistenz für jedes soziale Umfeld. Das ist sehr wichtig, vor allem jetzt, da das Mittelmeer erneut von einer Krise bedroht wird, die das Domizil als grundlegendes Element eines würdevollen Lebens beleuchtet. Daher darf das (Ferien-)Haus des *mare nostrum* – heute mehr denn je – keinem unerreichbaren Mythos hinterherlaufen. Er muss vielmehr die Besonderheiten des mediterranen Lebensstils, die es seit jeher symbolisiert, weiterverbreiten.

Der wahre Reichtum der Ferien ist ihre Zeitqualität, die das Urlaubsgefühl in den Alltag zurückführt; ein Moment der geistigen Nahrung und der poetischen Macht, die für alle erreichbar ist, egal ob innerhalb wuchtiger Mauern oder unter schilfrohrbedeckten Pergolen; das Recht auf ein glückliches Leben, in dem es Platz für den Gedanken eines jeden Menschen gibt.

Am mythischen Mittelmeer zu wohnen, ist keine elitäre Lebenslage, sondern ein zeitloser Zustand. Es ist, als hätte alles eine immense Länge – eine Zeitspanne ohne Chronologie.

Das mediterrane Haus ist zudem niemals eine vom Kontext der unberührten Natur isolierte Architektur, wie die Gebäude, die verloren an tropischen Stränden stehen. Es ist, nach meinem Empfinden, seit jeher Teil eines Systems, welches das Dorfgefüge heraufbeschwört, selbst, wenn wir es als einen in die Umgebung eingebetteten Monolithen vorfinden.

Die Küstenlandschaft von Gibraltar bis zum Bosporus – auch dort, wo scheinbar keine menschlichen Spuren auszumachen sind – birgt zahlreiche Zeugnisse der menschlichen Existenz: So mimt das Ferienhaus immer eine antike Siedlung: von der ärmsten Hütte der Bauern und Fischer, wie sie Giuseppe Pagano im ländlichen Italien fotografisch festgehalten hat, bis zu den exklusivsten Enklaven, wie sie James Graham Ballard in *Supercannes* beschreibt.

Es ist also unnötig, Architektur und Brauchtum, welche die Behauptung des Ferienhauses am Meer begleitet haben, aus historischer und philologischer Perspektive erneut zu durchlaufen. Viel interessanter ist es, ein doppeltes Spiel zu spielen, um die Formen und Angewohnheiten des Wohnens zu suggerieren, heraufzubeschwören und zu skizzieren, welche das Konzept des mediterranen Urlaubs in einer Sphäre ansiedeln, die dem Alltag sehr viel ähnlicher ist als die eines Ferienaufenthaltes, der zu fast zwanghafter Zerstreuung verdammt ist. Die „Leere" des Urlaubs – wenn dieser zur Pflichtkür avanciert – kann sehr viel befremdlicher sein als der alltägliche Rhythmus des Lebens. Ein starker architektonischer Raum muss der „Leere" Poesie verleihen.

Andrea Palladio hat die Klassizität in manieristische Formen transponiert und sie in die ganze Welt exportiert, er hat sein Fantasiebild der Villa wie ein urbanes Fragment aus Körpern, Sequenzen und Rhythmen erbaut. Es handelt sich hierbei um Bauten, die in der Lage sind, eine prähistorische, antike und zeitgenössische Dichotomie in Szene zu setzen, welche die Basis der fortwährenden Opposition zweier Polaritäten ist, in welcher wir die Kraft der Architektur des *mediterranen Binnenmeeres* suchen und bewahren müssen: der *Bunker* und das Gerüst.

Palladio gelang dies meisterhaft sowohl im Falle des isolierten Monolithen der Villa Rotonda als auch im Falle der anderen venetischen Residenzen, die reich an volkstümlichen wie kultivierten Registern sind und in Pergolen, *Barchesse* und Arkaden ihren Ausdruck finden.

Ich finde mich urplötzlich vor einer Fundgrube verfügbarer Vorstellungskraft wieder, die wie eine ungeahnte ballistische Sprengkapsel zwischen den beiden Polen – dem Wuchtigen und dem Luftigen – sitzt.

Nach dem Zweiten Weltkrieg hörte das Mittelmeer urplötzlich auf, ein glücklicher Mythos für den Norden zu sein, es gab keinen Platz mehr für den poetischen Rationalismus derer, die mit offenen Augen unsagbare Räume erträumen. Die Villa war nun etwas Verstecktes, etwas scheinbar Grobes, Mystisches und Uraltes. Die Pinienwälder waren voller Geheimnisse.

Die Sommer von Vittorio Gassman, Ugo Tognazzi und Catherine Spaak im Film *Il sorpasso* verheimlichen nicht den dramatischen Schatten, der das Vertrauen in die Sonne schmälert. Man spürt ein Misstrauen und eine Verschlossenheit, die den Blick auf das Meer ernüchtern und eine lang zurückliegende Zeit heraufbeschwören. Es ist seltsam, aber diese Zeit, die so reich an Mysterien ist, ist die wahre Zeit des Mediterraneums. Hier besteht die Faszination in der schlichten Opposition von Feststoff und Flechtwerk.

In diesem Kampf der architektonischen Formen liegt ein Zweifel, ein Schuldgefühl, der Zwist der *elitären* Bourgeoise, die, so viel kultivierter und wohlhabender, das Bedürfnis hat, zu einem etruskischen, prähistorischen Abbild zurückzukehren. So beseelt die luftige Struktur das Haus von Jørn Utzon auf Mallorca, das ausschließlich aus Loggien zu bestehen scheint. Auf ähnliche Weise macht die Wucht der obsessiven Pergola das Haus von Giuseppe Perugini im Pinienwald von Fregene einzigartig oder, in Amerika, die rechtwinkligen Kreuzungen von trilithischen Strukturen in den Projekten von Peter Eisenman, welche verschiedenste Versionen des Gerüstes durchdeklinieren. Ich werde niemals aufhören zu glauben, dass all diese Erscheinungen stark in der Schuld der mediterranen Pergola stehen, wie sie Alberto Savinio in seinem Buch *Capri* von 1926 heraufbeschwört.

Dann gibt es da noch ein weiteres Spiel: jenes deutlich Fassbare der massiven Plastizität. Luigi Moretti, Marco Zanuso, Cini Boeri, Umberto Riva erfinden geheimnisvolle Balustraden, Teile einer befestigten Stadt, von wo aus man durch tiefe Fenster, die wie Augenringe anmuten, über die perfekt eingerahmte Landschaft bis zum Meer blicken kann. Man sieht Schattenschnitte, ummauerte Gärten, Türen, die sich direkt zu Stranden hin öffnen, die nicht immer vertrauenserweckend sind.

Meine Antwort auf diesen scheinbaren Kampf der zwei Pole war immer, die Karten zu mischen. Ich habe ein Mediterraneum skizziert, bei dem die Pergola auf den Bunker trifft, das luftige Gerüst in die solide Mauer eindringt, wo sich alles in einem undeutlichen Traum vereint, der jeden Tag die Stärke und die expressive Kraft des Alltäglichen sucht.

Die unvollkommene Mischung zweier Archetypen wird uns immer mit der Schönheit einer unerwarteten Blüte überraschen.

1 "Il cielo di una stanza" (1960) ist der Titel eines berühmten Liebesliedes von Gino Paoli.

The houses of the Mediterranean bloom unexpectedly

**"If I could, I'd always be on holiday
If I were able, I'd write
'Il cielo in una stanza'**[1]
**But in truth, it's no heaven here
In the hell of truth, I lie with a smile"**

Jovanotti, **Sono un ragazzo fortunato**, 1992

CHERUBINO GAMBARDELLA

Cherubino Gambardella is an internationally renowned architect, architectural theorist, professor and head of the Faculty of Architecture at the Second University of Naples. He has authored multiple books on the subject of Mediterranean architecture and his architectural projects and artworks have been presented at several Venice Biennales.

The Mediterranean is an extraordinary lie and, in architecture, only lies can make you dream.

At a time when the myth of the "inland sea" presents many dramas, the house, the villa, the summer escape and the holiday are happy symbols of an intense way of living. The freedom associated with the concept of a holiday retreat must not be seen to compensate for a poor quality of life and living spaces; it signifies instead the aspiration to an everyday existence that is dignified in all social scenarios. This is particularly important now that the Mediterranean is once again threatened by a dilemma, which denotes the house as the cornerstone of human dignity. That is why – today more than ever – the dwelling of the *mare nostrum*, the Mediterranean, must not pursue an unattainable myth. Instead, it must reflect the power of its features and the way of life it always accommodated.

This is the real wealth of the holiday retreat: a time quality that makes the holiday part of everyday life. A moment of spiritual nourishment and poetic power, which everyone can enjoy, be it within strong walls or interwined arbours. It is the right to a happy life where there is space for everyone's thoughts. Living by the mythical Mediterranean is not an elitist condition, but a timeless state. It is as though everything has an indefinite duration occupying a timeframe with no chronology, ancient and contemporary at once.

The house of the inland sea is never an architecture that is conceptually isolated from the purity of nature, like the scattered buildings on tropical beaches. In my view, it is always part of a system, which evokes the village, even when we find it immersed in nature like a monolith. In the coastal landscape from Gibraltar to the Bosphorus, even where there are no apparent traces of humankind, you find them in the history, in the culture, in the ancient heritage of a settlement, in an ever-present memory.

Thus, the holiday villa always mimics a settlement: from the poorest huts of farmers and fishermen photographed by Giuseppe Pagano in rural Italy, to the most exclusive enclaves described by J.G. Ballard in *Super-Cannes*.

In light of this, it is not important to retrace, through a historical and philological lens, the architectural events and traditions that coincided with the establishment of the holiday home by the sea. Instead, it is much more interesting to play a double game to suggest, evoke and outline the features and behaviours that translate the concept of the Mediterranean holiday retreat into something closer to everyday life, as opposed to a dwelling condemned to a sentence of escapism. When it is imposed, the "emptiness" of the holiday can be far more alienating than the rhythm of everyday life.

A powerful architectural space must instil the void with poetry. Andrea Palladio transposed classicism into mannerist forms and exported them all over the world; he created his vision of the villa as an urban fragment of volumes, sequences and rhythms. This involved elements capable of staging a dichotomy of the prehistoric, ancient and contemporary essence, which is at the root of the continuing opposition between two poles, within which we must search for and maintain the power of the architecture, of the inland sea: the bunker and the frame. Palladio manages to do so admirably, both in the isolated monolith of *La Rotunda* and in the Venetian residences, which abound with popular and cultured notes associated with arbours, *barchesse* (porticos) and colonnades.

I find myself, all of a sudden, before a goldmine of the imagination, an unexpected ballistic detonator, placed between the poles of the solid and the grid.

After the Second World War, the Mediterranean suddenly ceased to be a happy myth of the North; there was no longer space for the poetic rationalism of those whose daydreams were filled with indescribable spaces. The villa is something hidden, seemingly coarse, secret and ancestral. The pine forests are mysterious. The summers of *The Easy Life*, featuring Vittorio Gassman, Ugo Tognazzi and Catherine Spaak, do not conceal a dramatic shadow that neutralises the trust in the sun.

Mistrust emerges and there is a closing in that rations the sea view while evoking a bygone era. It is strange, but this time of mysteries is the true time of the Mediterranean, where the fascination lies in the simple opposition between a solid and a weave.

In this battle of architectural forms lies the doubt, the sense of guilt, the tension of the elitist middle class which – so cultured and wealthy – feels the need to return to an Etruscan, prehistoric image.

Thus, the frame animates Jørn Utzon's house in Majorca like a trabeated loggia. Similarly, the obsessive power of the arbour is what makes Giuseppe Perugini's house in Fregene's pine forest unique. And in America, the orthogonal crossings of trilithic structures return in Peter Eisenman's experimentations, illustrating different variations of the frame. I will always believe that these works are indebted to the Mediterranean arbour evoked in Alberto Savinio's 1926 book *Capri*.

Then there is another game: the peremptory challenge of the solid mass, which we encounter in a different list of suggestions: Luigi Moretti, Marco Zanuso, Cini Boeri and Umberto Riva invent mysterious bastions, parts of a fortified city where the sight of the sea is revealed as a neat landscape, framed by deep windows like eyes with dark circles. Here there are shadow angles, walled gardens and doors that open directly onto beaches that are not always reassuring.

I have always tried to react to this apparent battle between opposites by mixing things up. I have drawn an inland sea where the arbour meets the bunker, where the frame inserts itself into the wall, where everything is contaminated by an indistinct dream that continuously seeks the strength and the expressive power of common things.

From the imperfect mixing of two archetypes, we must always anticipate the beauty of unexpected blooms.

1 "Il cielo di una stanza" (1960) is the title of a song by Gino Paoli.

Cherubino Gambardella
Das Meer aus der Ferne: Umarmung von Pergolen und Balustrade.
The sea from afar: an embrace of arbours and bastions.

Mischtechnik auf Papier, ca. 60 × 120 cm, Mai 2017.
Mixed media on printed paper, ca. 60 × 120 cm, May 2017.

Cherubino Gambardella
Die Häuser des Mediterranen erblühen unerwarteterweise.
The houses of the Mediterranean bloom unexpectedly.

Mischtechnik auf Papier, ca. 60 × 20 cm, Mai 2017.
Mixed media on printed paper, ca. 60 × 120 cm, May 2017.

URLAUBSARCHITEKTUR ist eine exquisite Sammlung von inzwischen über 400 ungewöhnlichen Häusern, in denen man seine Ferien verbringen kann. Wer hier einen Platz findet, muss verschiedene Kriterien erfüllen: Unabhängig davon, ob Ferienhaus, Apartment oder Hotel, muss die Architektur überzeugen. Ausschlaggebend ist der individuelle Anspruch, die konsequente Realisierung eines Konzepts, seine Authentizität und die persönliche Nähe der Betreiber zu ihrem Objekt.

HOLIDAYARCHITECTURE is a carefully chosen selection of over 400 unique holiday homes. Each home we feature must meet several criteria: Whether a house, apartment or hotel, the architecture must be outstanding. What counts is its individual appeal, the perfect realisation of a concept, authenticity, and the care the owners have taken with every little detail.

HÄUSER AUF DEN AZOREN UND KAP VERDE UND IN KANADA, MAROKKO, USA, SÜDAFRIKA UND SRI LANKA
HOUSES IN THE AZORES, CANADA, CAPE VERDE, MOROCCO, USA, SOUTH AFRICA AND SRI LANKA

311 Aquiles Eco Hotel > Seite/page 168

Alle weiteren Häuser | For an overview of all further properties > Seite/page 261 ff.

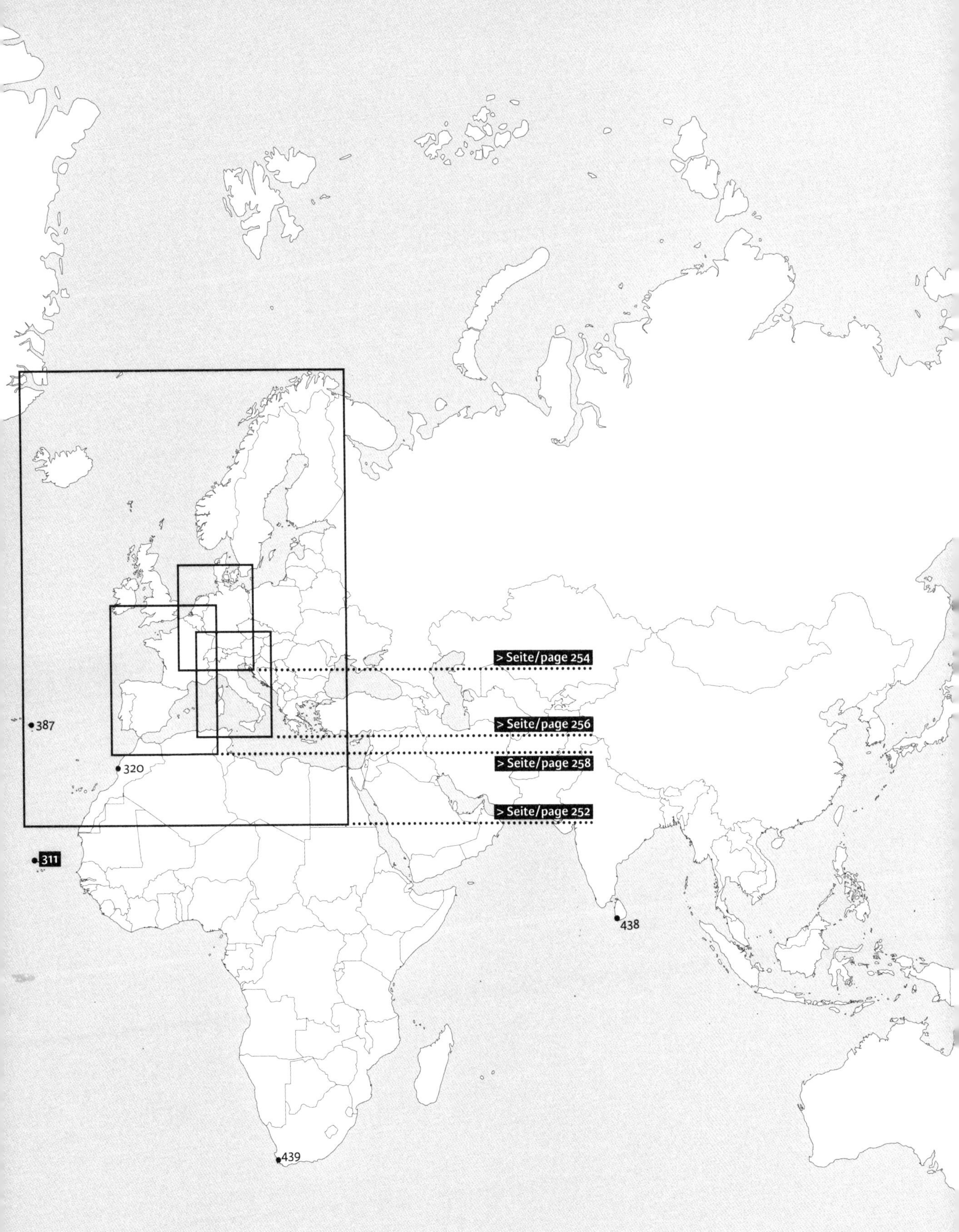

> Seite/page 254
> Seite/page 256
> Seite/page 258
> Seite/page 252
387
320
311
438
439

330
391
211
215
209 210&213 219,220
393
392
9
10,11
12
374
221
217
214,216
218
212
440
415
416
414,417
315-317
318
313,314
312
443
200
442,444
202
441
201 207
204
203,206
208
205
383
437
430
428

HÄUSER IN DÄNEMARK, GRIECHENLAND, GROSSBRITANNIEN, IRLAND, ISLAND, POLEN, SCHWEDEN, SLOWENIEN, TSCHECHIEN, DER TÜRKEI UND IN UNGARN

HOUSES IN CZECHIA, DENMARK, GREECE, HUNGARY, ICELAND, IRELAND, POLAND, SLOVENIA, SWEDEN, TURKEY AND THE UNITED KINGDOM

201 Casa Antica > Seite/page 110

210 & 213 Hen House & Studio Fiskavaig > S./p. 116

Alle weiteren Häuser | For an overview of all further properties > Seite/page 261 ff.

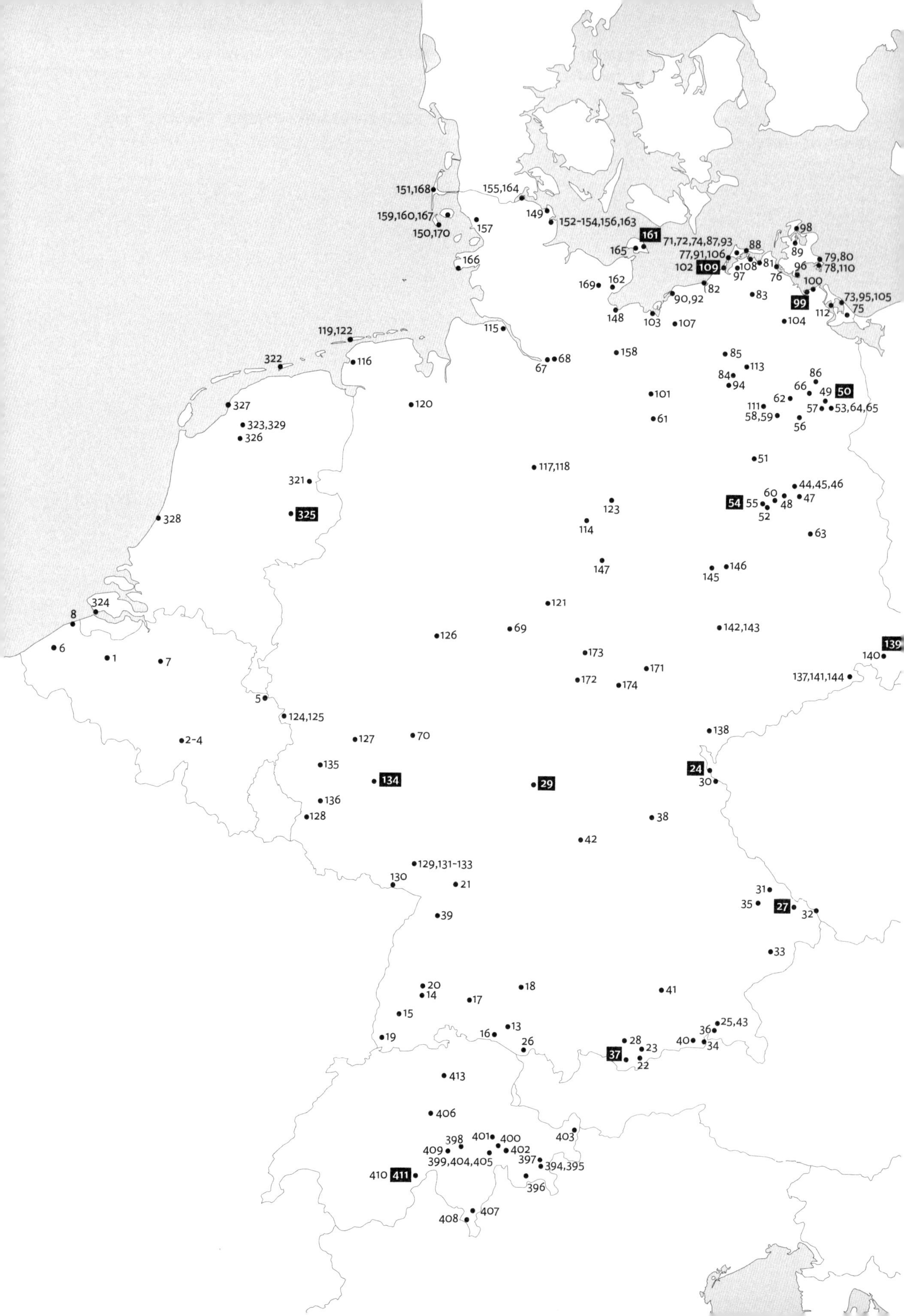

151,168
155,164
159,160,167
149
152-154,156,163
157
150,170
98
161
71,72,74,87,93
88
89
165
77,91,106
79,80
166
102
109
108
81
96
78,110
97
76
100
169
162
82
83
90,92
73,95,105
99
112
75
148
103
107
104
119,122
115
67
68
158
85
322
116
113
84
86
94
66
101
62
49
50
120
327
111
57
53,64,65
58,59
61
323,329
56
326
51
117,118
44,45,46
321
60
47
123
54
55
48
328
325
52
114
63
147
146
145
121
324
8
142,143
69
126
139
6
1
7
173
140
171
137,141,144
172
174
5
124,125
138
2-4
127
70
135
24
134
29
30
136
128
38
42
129,131-133
130
21
31
35
27
32
39
33
20
18
41
14
17
15
13
36
25,43
16
19
26
28
40
34
23
37
22
413
406
403
401
400
398
409
402
399,404,405
397
394,395
410
411
396
407
408

HÄUSER IN BELGIEN, DEUTSCHLAND, DEN NIEDERLANDEN UND DER SCHWEIZ
HOUSES IN BELGIUM, GERMANY, THE NETHERLANDS AND SWITZERLAND

24 Alte Schreinerei > Seite/page 16

27 Biohotel Pausnhof > Seite/page 22

50 Das Sternhagener Haus > Seite/page 28

29 Denkmal Karlstadt > Seite/page 34

139 Emmerich Hotel > Seite/page 40

54 Haus am Havelbogen > Seite/page 46

161 Inselhäuser Berta & Charly > Seite/page 52

99 Loi Black > Seite/page 58

37 quartier > Seite/page 64

134 SOON appartements > Seite/page 70

109 Strandhaus fünfzehn > Seite/page 76

325 Hemelzicht – GetAway Deluxe > S./p. 174

411 Hüs üf der Flüe > Seite/page 198

Alle weiteren Häuser | For an overview of all further properties > Seite/page 261 ff.

373
331
335
366,372
356
368
370
365
362,364,367,371
369
344
339,340,342
352
338
357
319
363
351
353,358,361
336,337,341,343
262
355
350
260
345
261,263,267,274,276,280,284
275,281
354
360
334
346
286
259
272
359
332
333
348,349
347
265
266
273
283,285
277
282
230
278
268,269,279
264,271
270
299
248
300
222
247
236
307
244
245
246
235
293
288
295
242
239
241
243
237
290
289
304
240
301
287
296
306
298
291
292
238
302
303
305
294
297
186
232
231, 233
234
224
226,228
223
227
225
255
254
252
253
249
251
250
256
257,258

HÄUSER IN ITALIEN UND ÖSTERREICH UND AUF KORSIKA (FRANKREICH)
HOUSES IN AUSTRIA AND ITALY AND CORSICA (FRANCE)

262 Bühelwirt > Seite/page 124

289 Casale di Cellole > Seite/page 130

231 Casa Piera & Casa Ola > Seite/page 136

247 La Darbia > Seite/page 144

294 Maremma House > Seite/page 150

233 Villa Capri > Seite/page 156

256 Villa Vendicari > Seite/page 162

357 Laudinella > Seite/page 180

186 La Vignarella > Seite/page 88

Alle weiteren Häuser | For an overview of all further properties > Seite/page 261 ff.

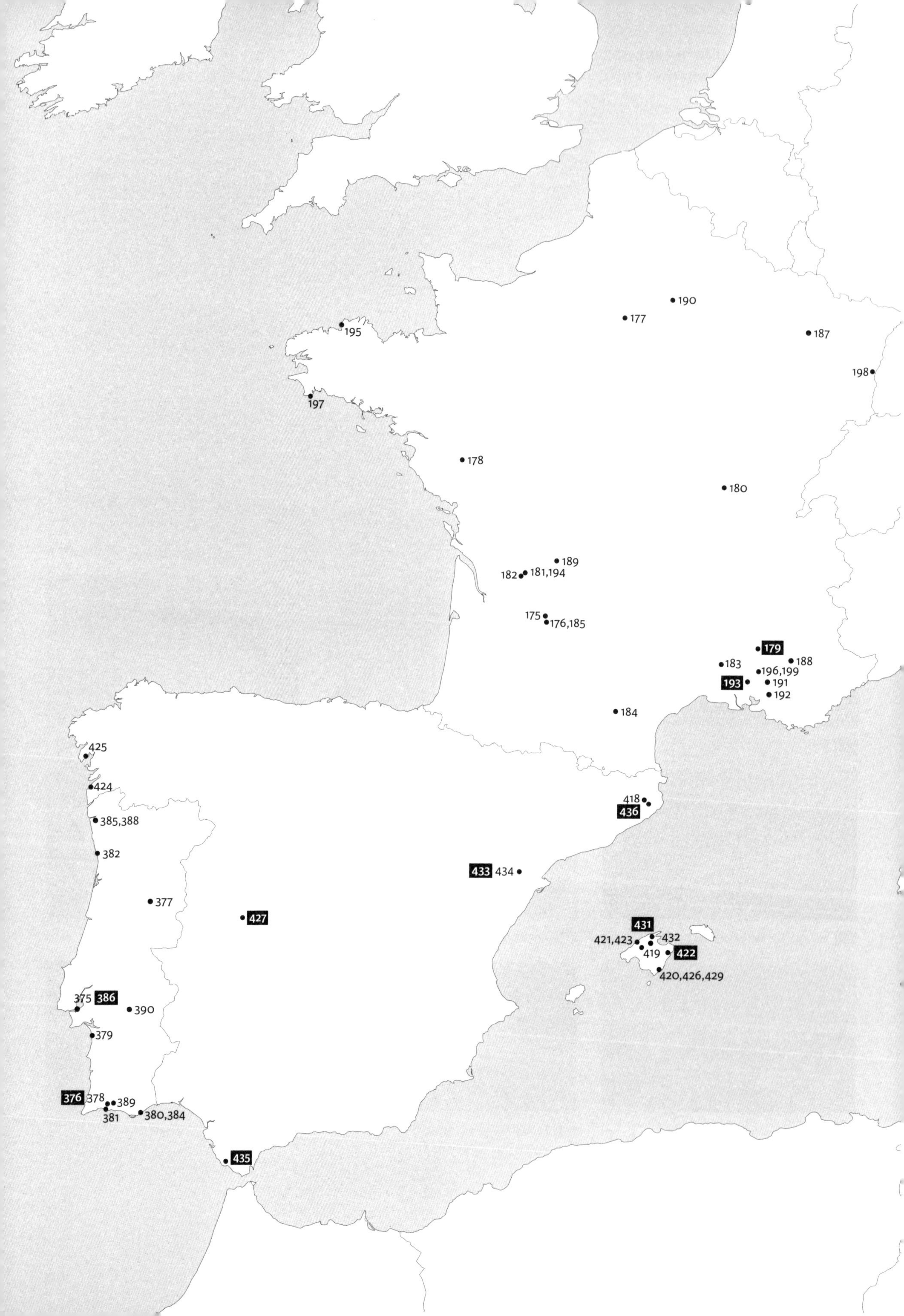
190
177
187
195
198
197
178
180
189
182
181,194
175
176,185
179
183
188
196,199
193
191
192
184
425
424
418
436
385,388
382
433
434
377
427
431
421,423
432
419
422
420,426,429
375
386
390
379
376
378
389
381
380,384
435

HÄUSER IN FRANKREICH, PORTUGAL UND SPANIEN
HOUSES IN FRANCE, PORTUGAL AND SPAIN

179 House B > Seite/page 82

193 Mas des Rouges Gorges > Seite/page 104

376 Casa da Lila > Seite/page 186

386 myhomeinlisbon > Seite/page 192

422 Casa Peny Rotja > Seite/page 204

427 Finca Extremadura > Seite/page 210

431 LLEÓ57 > Seite/page 216

433 Solo Office > Seite/page 222

435 Vejer_b5 > Seite/page 228

436 Villa CP > Seite/page 234

Alle weiteren Häuser | For an overview of all further properties > Seite/page 261 ff.

GESAMTÜBERSICHT ALLER HÄUSER
OVERVIEW OF ALL THE HOUSES

BELGIEN | BELGIUM

1 B&B Logid'enri, Flandern, www.logidenri.be
2 La Classe, Wallonien, www.laclasse.be
3 La Micheline, Wallonien, www.lamicheline.be
4 Les Duves, Wallonien, www.lesduves.be
5 Opus35, Lüttich, www.opus35.com
6 SPOOR.62, Moere, www.spoor62.be
7 the red spot, Flandern, www.theredspot.be
8 Zalig Aan Zee, Flandern, www.zaligaanzee.be

DÄNEMARK | DENMARK

9 aavego, Agger, www.aavego.dk
10 Birkedal, Insel Møn, www.hausaufmoen.de
11 Black&Bright, Insel Møn, hausaufmoen.de
12 Ferienhaus in Balka, Insel Bornholm, www.urlaubsarchitektur.de

DEUTSCHLAND | GERMANY

Baden-Württemberg

13 Alte Brennerei, www.schoengeister-urlaub.de
14 Am früheren Seilerhansenhof, www.seilerhansenhof.de
15 Die Halde, www.halde.com
16 Ferienbox, www.ferienbox.de
17 Ferienwohnung mit Schlossblick, www.ferienwohnung-am-donauradweg.de
18 Haus Bruno Maurer, www.maurerbruno.de
19 Herzkammer, www.herzkammer.eu
20 Langenbachhof, www.langenbachhof.de
21 Tabakscheune, www.tabakscheune-kraichgau.de

Bayern | Bavaria

22 Alpenblicke, www.alpenblicke.de
23 Alpenchalet Walchensee, www.alpenchalet-walchensee.de
24 Alte Schreinerei, www.alteschreinerei.com
25 Am Roseneck, www.amroseneck.de
26 Bettnau 16, www.seestar.de
27 Biohotel Pausnhof, www.pausnhof.de
28 bleibe, www.bleibe-gesucht.de
29 Denkmal Karlstadt, www.denk-mal-karlstadt.de
30 Gästehaus St. Joseph, www.haus-sankt-joseph.de
31 GutsAlm Harlachberg, www.harlachberg.de
32 Haidl-Madl-Ferienwohnen, www.haidl-madl-ferienwohnen.de
33 Hofgut Hafnerleiten, www.hofgut.info
34 Holzhaus am Auerbach, www.gut-feeling.me
35 HYT - mobile Übernachtungseinheit am Wild-Berghof Buchet, www.wildberghof-buchet.de
36 Moormann berge, www.moormann-berge.de
37 quartier, www.quartier-gapa.de
38 Refugium Betzenstein, www.bio-design-ferienwohnungen.de
39 Schwarzwaldstrand, www.schwarzwaldstrand.de
40 Tannerhof, www.tannerhof.de
41 The Flushing Meadows Hotel & Bar, www.flushingmeadowshotel.com
42 Urlaub im Ickelhaus, www.urlaub-im-ickelhaus.de
43 Zeitraumferien, www.zeitraumferien.de

Berlin

44 miniloft, www.miniloft.com
45 Oscar-Niemeyer-Haus - RioMarie, www.roombergs.de
46 Remise Berlin, www.remise-berlin.de
47 Tautes Heim, www.tautes-heim.de
48 The Urban Treehouse, www.urban-treehouse-berlin.com

Brandenburg

49 Das schwarze Haus, www.dasschwarzehaus.de
50 Das Sternhagener Haus, www.dassternhagenerhaus.de
51 Das Winterquartier, www.winter-quartier.de
52 elisabeth am see, www.elisabeth-am-see.com
53 Gut Fergitz am See, www.gut-fergitz.de
54 Haus am Havelbogen www.haus-am-havelbogen.de
55 Haus am See, www.urlaubsarchitektur.de
56 Herrenhaus Röddelin, www.herrenhaus-roeddelin.de
57 Landhaus Fredenwalde, www.landhaus-fredenwalde.de
58 Märkisches Landhaus, www.maerkisches-landhaus.de
59 Märkisches Landhaus No. 8, www.landhaus-no8.de
60 Parkchâlet Potsdam, www.parkchalet-potsdam.de;
61 Pfarrhaus Mödlich, Brandenburg, www.pfarrhaus-moedlich.de
62 Re:hof Rutenberg, Brandenburg, www.rehof-rutenberg.de
63 Refugium am See, Brandenburg, www.refugium-am-see.de
64 Rote Scheune, Brandenburg, www.landhaus-fergitz.de
65 Villa am Trumpf, Brandenburg, www.villa-am-trumpf.de
66 Vorwerk Krewitz, Brandenburg, www.vorwerkkrewitz.de

Hamburg

67 Bunker Hamburg, www.bunkerhamburg.de
68 Hotel Wedina, www.hotelwedina.de

Hessen | Hesse

69 mulang no.6, www.mulang-no6-kassel.de
70 PLÖTZE.N°17, www.ploetze17.de

Mecklenburg-Vorpommern | Mecklenburg-West Pomerania

71 Achternhus, www.achternhus.de
72 Alte Gärtnerei und Kleine Schäferei Born, www.alte-gaertnerei-born.de
73 Alte Scheune Loddin, Usedom, www.alte-scheune-loddin.de
74 Altes Schifferhaus, www.altesschifferhaus.de
75 Apfelgarten Usedom, Usedom, www.apfelgarten-usedom.de
76 Backsteinspeicher Stralsund, www.backsteinspeicher-stralsund.de
77 Charlottenhof, www.charlottenhof-ahrenshoop.de
78 Das Rüfugium, www.ruefugium.de
79 die strandhäuser, Rügen, www.strandhäuser-sellin.de
80 Ferienhaus Sonnensteg, Rügen, www.sonnensteg23.de
81 Ferienhaus Tambari, www.ferienhaus-tambari.de
82 Friedrich und Franz, www.friedrichundfranz.de
83 Gutshaus Landsdorf, www.gutshaus-landsdorf.de
84 Gutshaus Lexow, www.gutshaus-lexow.de
85 Gutshaus Linstow, www.gutshaus-linstow.de
86 Gutshof Kraatz, www.gutshof-kraatz.de
87 Hans und Otto, www.hansundotto.de
88 Haus Börnsteen, www.hausboernsteen.de
89 Haus Bubkevitz, Rügen, www.bubkevitz.de
90 Haus M, www.ferienhaus-rerik.eu
91 Haus Meersinn, www.urlaubsarchitektur.de
92 Haus Otteni, www.otteni.com/hausotteni
93 Haus WIECKin, www.wieckin.de
94 Kavaliershaus, www.kavaliershaus-finckenersee.de
95 Klare Kante, Usedom, www.klarekante-usedom.de
96 Kornspeicher Mauritz, Rügen, www.kornspeicher-mauritz.de
97 Kranich Hotel, www.kranichhotel.de
98 Lillesol, Rügen, www.lillesol.de
99 Loi Black, www.loiblack.de
100 MEERHAUS, www.ostsee-urlaub-lubmin.de
101 Middenmank, www.middenmank.de
102 NewHaus, www.newhaus.de
103 Onder Ons, www.ferienhaus-onderons.de
104 Schloss Schmarsow, www.schloss-schmarsow.de
105 Schwedenrot, Usedom, www.schweden-rot.de
106 Seehaus Ahrenshoop, www.seehaus-ahrenshoop.de
107 Seehotel am Neuklostersee, www.seehotel-neuklostersee.de
108 Speicher Barth, www.speicher-barth.de
109 Strandhaus fünfzehn, www.strandhaus-fuenfzehn.de
110 Strandwood House, Rügen, www.strandwood.de
111 Urlaub an der Seenplatte, www.urlaub-an-der-seenplatte.com
112 Usedom Relaxx, Usedom, www.usedom-relaxx.de
113 Wasserturm Waren, www.bewahren.org

Niedersachsen | Lower Saxony

114 ArchitekTurm, www.gondesen-wenzig.de
115 Gästehaus Gut Ziegelhof, www.gut-ziegelhof.de
116 Gulfhof Klein Schulenburgerpolder, www.klein-schulenburgerpolder.de
117 HeideLodge, www.heidelodge.de
118 HeideLoft, www.heideloft.de
119 Insular Apartments, Norderney, www.insular.de
120 Resort Baumgeflüster, www.baumgefluester.de
121 Seilerhaus Göttingen, www.seilerhaus-goettingen.de
122 Sommerloft - Schuppen XX, Norderney, www.sommerloft.de
123 Yard Boarding Hotel, www.yard-wolfsburg.de

Nordrhein-Westfalen | North Rhine-Westphalia

124 Brückenvilla Bleibe, www.bleibe.de
125 Monschaubleibe, www.bleibe.de
126 Sauerlandbleibe, www.bleibe.de

Rheinland Pfalz | Rhineland Palatinate

127 Basalt Loft, www.basalt-loft.de
128 Cantzheim, www.gaestehaus-cantzheim.de
129 Gästehaus Zweite Heimat, www.gaestehaus-zweite-heimat.de
130 Haus am Grenzgängerweg, www.haus-am-grenzgaengerweg.de
131 Herrenhaus Barthélemy, www.herrenhaus-barthelemy.com
132 Julius in der Pfalz, www.julius-pfalz.de
133 Ludwigsstift, www.ludwigsstift.de
134 SOON appartments, www.SOONappartements.de
135 Vulkaneifelhaus, www.vulkaneifelhaus.com
136 Winzerhäuschen, www.longen-schloeder.de

Sachsen | Saxony

137 Altendorfer Vorwerk, www.altendorfer-vorwerk.de
138 Bahnwärterhaus Droßdorf, www.bahnwaerterhaus.com
139 Emmerich Hotel, www.emmerich-hotel.net;
140 Haus Schminke, www.hausschminke.de
141 Hideaway Elbsandstein, www.hideaway-elbsandstein.de
142 Hotel Fregehaus, www.hotel-fregehaus.de
143 Meisterzimmer, www.meisterzimmer.de
144 Rock Cabin, www.hideaway-elbsandstein.de

Sachsen Anhalt | Saxony-Anhalt

145 Bauhaus Dessau, www.bauhaus-dessau.de
146 Ferienhäuser im Gartenreich Dessau-Wörlitz, www.gartenreich.com
147 Kloster Drübeck (Domänenscheunen), www.kloster-druebeck.de

Schleswig Holstein

148 Altstadthaus Travemünde, www.altstadthaus-travemuende.de
149 appartments13, www.appartments13.de
150 Dünenhaus, Amrum, www.duenenhaus-amrum.de
151 Ella am Meer, Sylt, www.ella-am-meer.de
152 Fischerhaus an der Schlei, www.fischerhauskappeln.wordpress.com
153 Fjorde-Arnis, www.fjorde-arnis.de
154 Fjordhaus an der Schlei, www.fjordhaus.com
155 Glück in Sicht Ostseelodges, www.glueck-in-sicht.de
156 Gut Schwansen, www.gutschwansen.de
157 Harmschool, www.harmschool.de
158 Haus am Schaalsee, www.haus-am-schaalsee.de
159 Haus Steuermann, Föhr, www.steuermann.haus
160 Hoftel Föhr, Föhr, www.hoftel-foehr.de
161 Inselhäuser Berta & Charly, www.inselhaeuser-fehmarn.de
162 Kultur Gut Hasselburg, www.hasselburg.de
163 Schleidomizil Schleibrücke, www.schleibruecke.de
164 Smucke Steed, www.smucke-steed.de
165 SO2 - Designhome Fehmarn, www.designhome-fehmarn.com
166 Strandhaus Böhl, www.strandhausboehl.de
167 Süderweg 7, Föhr, www.urlaubsarchitektur.de
168 Sylt Lofts, Sylt, www.sylt-lofts.de
169 Urlaub in der Neunzehn, www.neun10.de
170 Villa Helgoland, Amrum, www.villa-helgoland.de

Thüringen | Thuringia

171 Familienhotel Weimar, www.familienhotel-weimar.de
172 Ferienhaus Lichtung, www.ferienhaus-lichtung.de
173 Hainichhöfe, www.hainichhoefe.de
174 Hotel Stadthaus Arnstadt, www.stadthaus-arnstadt.de

FRANKREICH | FRANCE

175 Au Perier, Aquitanien, www.auperier.com
176 Bassiviere, Aquitanien, www.bassiviere.com
177 Blickpunkt Paris, Paris, www.blickpunktparis.de
178 Chalet Concept, Pays de la Loire, www.chalet-concept.com
179 House B, Provence, www.maison-b.be
180 La Corbeille, Burgund, www.la-corbeille.ch
181 La Grange, Aquitanien, www.landhaeuser-perigord.de/de/haeuser/la-grange
182 La Gravette, Dordogne, www.landhaeuser-perigord.de/de/haeuser/la-gravette
183 LA MAISON D'ULYSSE, Languedoc Roussillon, www.lamaisondulysse.com
184 La Manufacture Royale, Languedoc Roussillon, www.lamanufactureroyale.fr
185 La vie a la campagne, Aquitanien, www.lavielacampagne.com
186 La Vignarella, Korsika, www.lavignarella.com
187 La Villa 1901, Lothringen, www.lavilla1901.fr
188 Le Jas du Boeuf, Provence-Alpes-Côte d'Azur, www.lejasduboeuf.fr
189 Le Moulin & Le Four, Aquitanien, www.pietheineek.nl
190 Lizieres, Picardie, www.lizieres.org
191 Maison Collongue, Provence-Alpes-Côte d'Azur, www.maison-collongue.com
192 Maison Jalon, Provence, www.maisonjalon.com
193 Mas des Rouges Gorges, Provence, www.urlaubsarchitektur.de
194 No.1 Lusignac, Dordogne, www.urlaubsarchitektur.de
195 Ty Gwenn, Bretagne, www.tygwennbythesea.com
196 Villa Daesch, Provence-Alpes-Côte d'Azur, www.villadaesch.com
197 Villa des Dunes, Bretagne, www.urlaubsarchitektur.de
198 Villa St. Martin, Elşass, www.bauhausinalsace.de
199 Villa Vagabonde, Provence, www.villavagabonde.com

GRIECHENLAND | GREECE

200 Atrium Villas, Nördliche Sporaden, www.atriumhotel.gr/villas/
201 Casa Antica, Peloponnes, www.thearchitectsvillas.gr
202 Loutra summer house, Kykladen, www.thehouse.gr
203 Maina, Peloponnes, www.maina.gr
204 Maison Kamari, Kykladen, www.maisonkamari.com
205 Niriida House, Kreta, www.niriida.com
206 Tainaron Blue Retreat, Peloponnes, www.tainaron-blue.com
207 The Architect's Villa, Peloponnes, www.thearchitectsvillas.gr
208 Villa Zoé, Kreta, www.villazoe.com

GROSSBRITANNIEN | UNITED KINGDOM

209 Black Shed, Schottland, www.blackshed.co.uk
210 Hen House, Schottland, www.15fiscavaig.co.uk
211 Kinloch Lodge, Schottland, www.kinloch.scot
212 Little Cottage, Cornwall, www.urlaubsarchitektur.de
213 Studio Fiskavaig, Schottland, www.fiskavaigstudio.co.uk

214 The Balancing Barn, Suffolk, www.living-architecture.co.uk
215 The Brochs of Coigach, Schottland, www.achiltibuie.info
216 The Dune House, Suffolk, www.living-architecture.co.uk
217 The Long House, Norfolk, www.living-architecture.co.uk
218 The Shingle House, Kent, www.living-architecture.co.uk
219 The Woodhouse, Schottland, www.skyewoodhouse.co.uk
220 Tinhouse, Schottland, www.tinhouse.net

IRLAND | IRELAND

221 Inis Meáin Restaurant & Suites, Tipperary, www.inismeain.com

ITALIEN | ITALY

Aostatal | Valle d'Aosta

222 Le Coffret, www.lecoffret.it

Apulien | Apulia

223 Casa Via Garibaldi, www.viagaribaldi.info
224 Casa Vico Fiscaiolo, www.vicofiscaiolo.info
225 Il Cubo, www.urlaubsarchitektur.de
226 Masseria Alchimia, www.masseria-alchimia.it
227 Masseria Moroseta, www.masseriamoroseta.it
228 Palazzina Alchimia, www.palazzina-alchimia.it
229 Principe Amedeo, www.salentosole.ch

Friaul Julisch Venetien | Friuli-Venezia Giulia

230 La Marmote Albergo Diffuso di Paluzza Faas, www.albergodiffusopaluzza.it

Kampagnien | Campania

231 Casa Piera & Casa Ola, www.urlaubsarchitektur.de

Latium

232 Casa Nettuno, www.casanettuno.eu
233 Villa Capri, www.villacapri-experience.com
234 Villa Due Pini, www.villa2pini.weebly.com

Ligurien | Liguria

235 Che Bella Vista, www.che-bella-vista.de

Lombardei | Lombardy

236 Fashion District Apartment, www.urlaubsarchitektur.de

Marken | Marches

237 Borgo Tranquillo, www.borgotranquillo.com
238 Casa della Fede, www.casa-della-fede.de
239 Casa delle Marche, www.casadellemarche.ch
240 Casa Olivi, www.casaolivi.ch
241 Corte Campioli, www.cortecampioli.com
242 Locanda la Breccia, www.locandalabreccia.com
243 San Fiorano, www.sanfiorano.de

Piemont | Piedmont

244 Casa Giromet, www.casagiromet.com
245 Casa Pasqualin, www.viavai.ch
246 Cascine Crema, www.viavai.ch
247 La Darbia, www.ladarbia.de
248 Villa Boffa, www.villa-boffa.de

Sizilien | Sicily

249 Anime a Sud | Residenza Hortus, www.animeasud.it
250 la melagrana, www.la-melagrana.it
251 La Tannura, www.latannura.it
252 Monaci delle Terre Nere, www.monacidelleterrenere.it
253 Penthouse Cordari Ortigia, www.iamsicily.it
254 Seaside Villa Capo Zafferano, www.seasidevillacapozafferano.it
255 Villa La Pergola, Stromboli, www.stromboli-ferienhaus.de
256 Villa Vendicari, www.urlaubsarchitektur.de
257 Villa Zagara, www.urlaubsarchitektur.de
258 Vito, www.urlaubsarchitektur.de

Südtirol | South Tyrol

259 Alpine Lodge Josephus, www.josephus.it
260 Botenhof, www.urlaubsarchitektur.de
261 Boutique & Design Hotel ImperialArt, www.imperialart.it
262 Bühelwirt, www.buehelwirt.com
263 Dahoam Chalet, www.chalet.dahoam.it
264 Das Wanda, www.das-wanda.com;
265 Dependance Kortscherhof, www.kortscherhof.com
266 Ferienhof Obermoar, www.urlaubsarchitektur.de
267 Frühmesserhaus, www.sanct-kassian.com
268 Gasthof Bad Dreikirchen, www.baddreikirchen.it
269 Haus Settari, www.briol-ferienwohnungen.it
270 Hof im Kalch, www.hofimkalch.com
271 Hotel Panorama, www.designhotel-panorama.com
272 La Pedevilla, www.lapedevilla.it
273 Mountain Lodge Tamersc, www.mountainlodge-tamersc.com
274 Naturresidence Dahoam, www.dahoam.it
275 Niedermairhof, www.nmhof.it

276 Ottmanngut, www.ottmanngut.it
277 Parkhotel Holzner, www.parkhotel-holzner.com
278 Paula Wiesinger, www.lapaula.info
279 Pension Briol, www.briol.it
280 Pergola Residence, www.pergola-residence.it
281 Pfisterhaus, www.pfisterhaus.com
282 Saleghes Mountain Residence, www.saleghes.com
283 Strata, www.familyresort-rainer.com
284 Villa Drei Birken - Betulin, www.villa-drei-birken.com
285 Villa Alvarium, www.villa-alvarium.it
286 Weisses Kreuz & Ansitz zum Löwen, www.weisseskreuz.it

Toskana | Tuscany

287 Art Hangar, www.jrtuscanluxury.com
288 Canticle, www.canticlelucca.com
289 Casale di Cellole, www.casaledicellole.com
290 Il Borgo di Galenda, Toskana, www.toscana-galenda.com
291 La Bandita Countryhouse, Toskana, www.la-bandita.com
292 La Bandita Townhouse, www.la-bandita.com
293 Locanda al Colle, www.locandaalcolle.it
294 Maremma House, www.maremma.house
295 Riva Lofts Florence, www.rivalofts.com
296 Siena House, www.sienahouse.net
297 Villa Grifone, www.villagrifone.com
298 Villa Vergelle, www.urlaubsarchitektur.de

Trentino

299 Park Hotel Azalea, www.parkhotelazalea.it
300 VIVERE suites and rooms, www.agrivivere.com

Umbrien | Umbria

301 Casa Bramasole, www.casabramasole.com
302 Casa Giardino, www.urlaubsarchitektur.de
303 Casa Winther, www.casawinther.ch
304 Casanova di Mesola, www.lavillaumbria.com
305 Rocciaviva Atelier House, www.rocciaviva.net
306 Villa G, www.villag.eu

Venetien | Veneto

307 La Mugletta, www.lamugletta.com

KANADA | CANADA

308 Fogo Island Inn, Neufundland, www.fogoislandinn.ca
309 Shobac Cottages, Nova Scotia, www.shobac.mlsarchitects.ca
310 The Box House, Nova Scotia, www.the-box-house.com

KAP VERDE | CAPE VERDE

311 Aquiles Eco Hotel, www.aquilesecohotel.com

KOSOVO

312 Hotel Gracanica, Gracanica, www.hotelgracanica.com

KROATIEN | CROATIA

313 Kuća Fotografa, Dalmatien, www.kucafotografa.com
314 Kuća Kamena, Dalmatien, www.kucakamena.com
315 Sisters-Home Sv.Jakov 59, Kvarner Bucht, www.sisters-homes.com
316 Sisters-Homes Vidovići 5, Cres, www.sisters-homes.com
317 Sisters-Homes Vidovići 9,Cres, www.sisters-homes.com
318 Villa Smague, Dalmatien, www.villasmague.com

LIECHTENSTEIN

319 Haus am Brandiser, www.ambrandiser.li

MAROKKO | MOROCCO

320 Architektenhaus nahe Essaouira, www.horstundwerner.com

NIEDERLANDE | NETHERLANDS

321 De Rheezer Kamer, Overijsse, www.derheezerkamer.nl
322 De Strandjutter, Westfriesische Inseln, www.de-strandjutter.nl
323 De Takomst IJlst, Friesland, www.detakomstijlst.nl
324 Gevangentoren Suite, Zeeland, www.gevangentorensuite.nl
325 Hemelzicht – GetAway Deluxe, Overijssel, www.getawaydeluxe.com
326 It Buterhus, Friesland, www.buterhus.nl
327 Leuchtturm Harlingen, Friesland, www.vuurtoren-harlingen.nl
328 Villa Binnenzee, Südholland, www.villabinnenzee.nl
329 Werf IJlst Sinnehúskes, Ijlst, www.werfijlst.nl

NORWEGEN | NORWAY

330 Manshausen, Nordland, www.manshausen.no

ÖSTERREICH | AUSTRIA

Burgenland

331 Das Refugium, www.das-refugium.at

Kärnten | Carinthia

332 alte Säge, www.ferienwohnung-weissensee.at
333 art-lodge, www.art-lodge.at
334 Designvilla Kärnten, www.designferienhaus.com

Oberösterreich | Upper Austria

335 SEE 31 - Ferienlofts am Traunsee, www.traunsee31.at

Salzburgerland

336 Alpenloft Madero, www.alpenlofts.com
337 Alpenlofts, www.alpenlofts.com
338 Auf da Leitn 8, www.aufdaleitn8.at
339 aufberg 1110, www.aufberg.at
340 aufberg 1113, www.aufberg.at
341 Haus Hirt, www.haus-hirt.com
342 Heustodlsuite am Taxhof, www.taxhof.at
343 Miramonte, www.hotelmiramonte.com

Steiermark | Styria

344 FerienStadl Bienen Alm, www.bienenalm.at
345 Gewächshaus am Spiegelsee, www.gut-hornegg.at
346 LOGIS125, www.logis125.at
347 Stadl Altenbach, www.puresleben.at
348 Stadl am Tunauberg, www.puresleben.at
349 Steinriegel, www.puresleben.at
350 Weinberg12, www.weinberg12.at

Tirol | Tyrol

351 Appartementvillen Aradira, www.aradira.at
352 Brizerhaus, www.brizerhaus.at
353 Die Arche, www.diearche.at
354 Giatla Haus, www.giatla.at
355 Hotel Hinteregger, www.hotelhinteregger.at
356 jotvier, www.jotvier.de
357 Laudinella, www.laudinella.see.at
358 refugio.laudegg, www.laudegg.at
359 Tassenbacherhof, www.tassenbacherhof.at
360 Ufogel, www.ufogel.at
361 Villa Rasilla, villarasilla.at

Voralberg

362 Am Walmendingerhorn, www.walmendingerhorn.com
363 Arlberg Lodges, www.arlberg-lodges.at
364 Bergraum, www.bergraum.com
365 Ferienhaus Islen, www.islen.at
366 Ferienwohnungen BeiFink's, www.beifinks.at
367 Hus9, www.hus9.at
368 Mesmerhaus, www.mesmerhaus.at
369 Schneiderei Schoppernau, www.schneiderei-schoppernau.at
370 Schwarzenberg 960, Vorarlberg, www.brittenberg.at
371 Vorsäßhütte, www.vorsaesshuette.at
372 Wälder Vakanz, www.wälder-vakanz.at

Wien | Vienna

373 grätzlhotel, www.graetzlhotel.com

POLEN | POLAND

374 Salvinia Lodge, Zulawy (Werder), www.salvinialodge.com

PORTUGAL

375 Baixa House, Lissabon, www.baixahouse.com
376 Casa da Lila, Algarve, www.casadalilasilves.com
377 Casa das Penhas Douradas Design Hotel, Penhas Douradas, www.casadaspenhasdouradas.pt
378 Casa do Largo, Algarve, www.casadolargosilves.com
379 Casa do Pego, Comporta, www.casadopego.com
380 Casa Modesta, Algarve, www.casamodesta.pt
381 Casa Vittore, Algarve, www.casa-vittore.com
382 Casa1015, Porto, www.casa1015.pt
383 Estalagem da Ponta do Sol, Madeira, www.pontadosol.com
384 Fuzzeta, Algarve, www.fuzzeta.com
385 Mineral House, Viana do Castelo, www.mineralhouse.net
386 myhomeinlisbon, Lissabon, www.myhomeinlisbon.com
387 Pico do Refugio, Azoren, www.picodorefugio.com
388 Quinta da Bouça D'Arques, nördliches Portugal, www.boucadarques.com
389 Vila Dria, Algarve, www.urlaubsarchitektur.de
390 Villa Extramuros, Alentejo, www.villaextramuros.com

SCHWEDEN | SWEDEN

391 Bergaliv Landscape Hotel, Åsberget, Orbaden, www.bergaliv.se
392 Måsens Havsbad, Hallands län, www.rahedesign.de/lerkil
393 Nordic Watercolour Museum's guest studios, Bohuslän, www.akvarellmuseet.org

SCHWEIZ | SWITZERLAND

Graubünden | Grisons

394 Alpine Lodge Chesa al Parc, www.alpinelodging.ch
395 Alpine Lodge Pontresina Chesa Plattner, www.alpinelodging.ch
396 Casa Di Pietra, www.ferienwohnung-maloja.ch
397 Chesa Wazzau, www.chesa-wazzau.ch
398 Giassa 10, www.giassa10.ch
399 Hotel Alpina, www.alpina-vals.ch
400 Nühus, www.safientalferien.ch
401 Papaver 33, www.papaver33.ch
402 Pensiun Laresch, www.laresch.ch

403 Schilana 80, www.schilana80.de
404 Villa Vals, www.villavals.ch
405 Zumthor Ferienhäuser, www.zumthorferienhaeuser.ch

Nidwalden

406 im Spycher, www.imspycher.ch

Tessin | Ticino

407 Casa Fischer, www.casafischer.ch
408 Haus Pura, www.vomfleckweg.ch/hauspura.php

Uri

409 Halbhaus - Andermatt Chalet, www.andermattchalet.com

Wallis | Valais

410 Huberhaus, www.magnificasa.ch
411 Hüs üf der Flüe, www.munts-pavlicek.ch
412 Josihaus, www.josihaus.com

Zürich | Zurich

413 swb Gästewohnung Neubühl, www.swb-gästewohnung-neubühl.ch

SLOWENIEN | SLOVENIA

414 Alma Vista, Brda, www.almavista.si
415 Nebesa, Livek, www.nebesa.si
416 RADUHA, Region Savinjska, www.raduha.com
417 Vila Mravljevi, Wippachtal, www.vila-mravljevi.si

SPANIEN | SPAIN

418 Alemanys 5, Costa Brava, www.alemanys5.com
419 Baix de S'Era, Mallorca, www.baixdesera.de
420 Can Lis, Mallorca, www.canlis.dk
421 casa al mar, Mallorca, www.casa-al-mar.com
422 Casa Penya Rotja, Mallorca, www.penyarotja.com
423 Casa Port, Mallorca, www.urlaubsarchitektur.de
424 Contemporary Ocean Retreat, Galicien, www.urlaubsarchitektur.de
425 Dezanove House, Galicien, www.dezanovehouse.com
426 Els Comellars (Villa Santanyi), Mallorca, www.urlaubsarchitektur.de
427 Finca Extremadura, Cáceres, www.abaton.es
428 Finca Paraiso, Gran Canaria, www.finca-paraiso.com
429 Finca Son Tou, Mallorca, www.urlaubsarchitektur.de
430 Hacienda Cuatro Ventanas, Teneriffa, www.haciendacuatroventanas.com
431 LLEÓ57, Mallorca, www.lleo57.com
432 Refugio Son Pons, Mallorca, www.refugio-son-pons.com
433 Solo Office, Aragonien, www.solo-houses.com
434 Solo Pezo, Aragonien, www.solo-houses.com
435 Vejer_b5, Andalusien, www.urlaubsarchitektur.de
436 Villa CP, Katalonien, www.villa-cp.com
437 Villa Gran Atlantico, La Palma, www.villagranatlantico.com

SRI LANKA

438 Ayurveda Guesthouse, Ahungalla, www.owf.at/de/ayurveda-guesthouse

SÜDAFRIKA | SOUTH AFRICA

439 Big Bay Beach House, Kapstadt, www.bigbaybeachhouse.co.za

TSCHECHIEN | CZECHIA

440 Ferienhäuser Rajsko, Pilsen, www.chalupy-sumava.cz

TÜRKEI | TURKEY

441 Case Study Houses, Bodeum, www.radius-design.com
442 Kaynakli Ev (Manzara Ayvalik), Ayvalik, www.manzara-ayvalik.com
443 Manzara, Istanbul, www.manzara-istanbul.com
444 Merdivenli Ev (Manzara Ayvalik), Ayvalik, www.manzara-ayvalik.com

Alle Häuser online auf
www.urlaubsarchitektur.de,
Stand August 2017

All properties can be found online at
www.holidayarchitecture.com
as of August 2017.

Bildnachweis | Image Credits

In alphabetischer Reihenfolge | In alphabetical order

Alte Schreinerei: Andrew Alberts (Seite | page: 19, 20, 21), Alexander Feig (Seite | page: 16/17, 20/21 unten/below), Aquiles Eco Hotel: Ricardo Nascimento, Biohotel Pausnhof: Daniela Blöchinger, Bühelwirt: Gustav Willeit, Casa Antica: Nikos Danilidis (Seite | page: 113, 114, 115), Nikita Hatzimichalis (Seite | page: 110/111), Casa da Lila: Luis da Cruz, Casale di Cellole: Matteo Castelli, Casa Penya Rotja: Saskja Rosset, Casa Piera & Casa Ola: Filippo Romano, Das Sternhagener Haus: Franziska Gómez (Seite | page: 31, 32, 33), Bettina Lempelius (Seite | page: 28/29), Denkmal Karlstadt: Jochen Schreiner, Emmerich Hotel: Franz Müller Schmidt, Finca Extremadura: Bélen Imazn (Seite | page 210/211, 213, 215), Ábaton (Seite | page: 214, 214/215 unten / below), Hemelzicht – GetAway Deluxe: Magriet Hoekstra Fotografie, Barbara Natzijl Styling, Haus am Havelbogen: Frîa Hagen, Hen House & Studio Fiskavaig: Andrew Lee (Hen House), David Barbour (Studio Fiskavaig), House B: Ilse Liekens, Hüs üf der Flüe: Nadia Neuhaus, Inselhäuser Berta & Charly: René Supper, La Darbia: Bruno Pulici (Seite | page: 147, 148, 149), Walter Zerla (Seite | page: 144/145), Bruno Pulici, Laudinella: Elisabeth Krismer (Seite | page: 184 oben/above), Mike Rabensteiner (Seite | page: 180/181, 183, 184, 185), La Vignarella: Philippe Jambert (Seite | page: 88–93), LLEÓ57: Mauricio Fuertes, Loi Black: Clemens Ahlgrimm, Maremma House: Mario Ciampi (Seite | page 150/151, 153, 154, 155), Ulisse Donnini (Seite | page: 155 unten/below), Mas des Rouges Gorges: Michel Denancé, myhomeinlisbon: Juan Baraja, quartier: Bert Heinzlmeier, Strandhaus fünfzehn: Carlo Bansini, Solo Office: Bas Princen (Seite | page: 222/223, 225, 226, 226/227 oben / above), Solo Houses (Seite | page: 226/227 unten / below), SOON appartements: Christoph Mertens (Seite | page: 70/71), Anna Schneider neon fotografie (Seite | page: 73–75), Vejer_b5: Alberto Ghizzi Panizza (Seite | page: 228/229, 232, 233), Paolo Mazzo (Seite | page: 231), Villa Capri: Beppe Maisto (Seite | page: 156/157), Boo Yeah (Seite | page: 159, 160, 161), Villa CP: Jocelyn Mandryk (Seite | page: 234/235), Jesus Granada (Seite | page: 237–239), Villa Vendicari: Domenico Piccione

Titelfoto | Cover photo: Hen House, Andrew Lee
Teamfotos | team photos: Antje Krispin

© Edition URLAUBSARCHITEKTUR, 2017
URLAUBSARCHITEKTUR GmbH
Bozener Strasse 6
D-30519 Hannover

www.urlaubsarchitektur.de
www.holidayarchitecture.com

ISBN 978-3-9817367-4-8

Herausgeber | Editor
Jan Hamer
Projektleitung | Project management
Anke Steinweg
Redaktion, Text | Editorial work, text
Tina Barankay, Ulrich Stefan Knoll, Britta Krämer, Anke Steinweg
Gestaltungskonzept und Layout | Design concept and layout
Bucharchitektur \ Kathrin Schmuck
Übersetzung | Translation
TranslationsDirect, Salisbury | Sean Ohlendorf
Lektorat deutsch | Proofreading German
Miriam Seifert-Waibel
Lektorat englisch | Proofreading English
Sean Ohlendorf
Karten | Maps
screen & paper GmbH | Andreas Haux
Druck und Bindung | Printing and binding
DZA Druckerei zu Altenburg GmbH, Printed in Germany
Papier | Paper
Munken Polar Rough, 120 g/m²
Einband | Cover
Peyer Duchesse offset, 200 g/m²
Schriften | Typefaces
Karmina Sans & FF Quadraat

Die Deutsche Nationalbibliothek verzeichnet diese Publikation in der Deutschen Nationalbibliografie; detaillierte bibliografische Daten sind im Internet über http://dnb.d-nb.de abrufbar. | Deutsche Nationalbibliothek (German National Library) lists this publication in the Deutsche Nationalbibliografie (German National Bibliography); a full catalogue record for this book is available at http://dnb.d-nb.de.